判决书结构及其说理性

王贵东　著

九州出版社
JIUZHOUPRESS

图书在版编目（CIP）数据

判决书结构及其说理性/王贵东著. --北京:九州出版社，2024.1
ISBN 978-7-5225-2619-5

Ⅰ．①判… Ⅱ．①王… Ⅲ．①审判－法律文书－
研究－中国 Ⅳ．①D926.13

中国国家版本馆CIP数据核字(2024)第043884号

判决书结构及其说理性

作　　者	王贵东　著
责任编辑	杨鑫垚
出版发行	九州出版社
地　　址	北京市西城区阜外大街甲 35 号 (100037)
发行电话	(010)68992190/3/5/6
网　　址	www.jiuzhoupress.com
电子信箱	jiuzhou@jiuzhoupress.com
印　　刷	武汉乐生印刷有限公司
开　　本	787 毫米 ×1092 毫米　16 开
印　　张	10.5
字　　数	208 千字
版　　次	2024 年 1 月第 1 版
印　　次	2024 年 1 月第 1 次印刷
书　　号	ISBN 978-7-5225-2619-5
定　　价	78.00 元

前言 | Preface

所谓说理，就是以一定的方式，摆事实，讲道理，论证自己的正确性，说服他人。既然说理，首先，"理"就是根本。"理"有多种含义，指道理、逻辑、情理或规律，[①]说理的"理"应该指道理、理由，作为论证的需要，而且应该是具有逻辑性的理由。但不同的职业者，不同的民族者，不同的宗教信仰者，都有着不同的道理。其次，便是"说"，就说理的过程而言，说理的形式同说理的内容同样重要。口头的还是书面的，公开透明的环境中还是神秘气氛中？更重要的是讲究一定的技巧，即如何说，才能使道理更容易让人接受。例如，先表明自己有利的观点还是后表明？单方面的说理还是与听众理性的商谈？"法律人主要通过讲道理来说服人，是以理服人，而不是以力服人，但也不排除在说理的过程中使用特定的话语技巧。"[②]说理的方式和技巧至关重要。再次，谁在说理，不同的人讲述不同的道理，而且"理"的力量并不相同，地位高身份高的人比卑微的人说起来更有权威，长者比幼者说理更有分量，专业人士比普通人更有说服力。又次，听众是谁，即说理者想通过其论证影响谁，不同的听众，由于文化水平和性格年龄等方面的差异，对说理的方式要求不同。为了达到说服的目的，讲话者必须使自己的言说适应听众的需要。最后是一定的事由，它是联系说理者、听众、理和说的纽带，没有它，说者不必说，听众不愿听，理没有依托，说没有针对性。说理，总是特定的说理者以一定的方式讲述特定的道理，试图影响潜在的听众。可见，说理是一个综合的全面的结构体系，我们不仅要关注什么人说的，还要关注他说了什么，以及他是如何说，说给谁听。

说理已经成了一种普遍存在的需要，小至一个人的日常生活言谈，大至一个国家的政治法律生活。法治社会更是需要说理，因为说理总是与民主、文明、平等联系在一起，民主、文明、平等是说理的前提，说理是民主、文明、平等的体现，法治社会说理体现于法律。法律最主要的特征不是强制性，而是说理性，暴力强

---

① 严存生. 法的价值问题研究[M]. 中国政法大学出版社，2002：717-718.
② 葛洪义. 法律思维与法律方法：第 2 辑[M]. 中国政法大学出版社，2003：9.

制的必要性根植于法律的说理性之中。①

　　作为法律活动的产物,司法判决也是说理的。司法判决的说理性不仅体现于法庭的理性程序、诉讼的法言法语,而且还体现于判决书的理性设计,体现于判决理由、判决结论中,判决书的各个部分中。判决书说理由不同的要素组成,说理的主体、听众、事由、方式以及理,每一个要素对判决书具有不可或缺的意义,判决书的各个部分应该体现这些要素。判决书的结构体现这些要素如何,将会影响判决书的说理能力。

　　1999年最高人民法院通过首个“五年改革纲要”,要求加强判决书说理,判决书说理逐渐成为司法界和学术界重要的话题。2013年,党的十八届三中全会提出“增强法律文书说理性,推动法院生效裁判文书公开”,2014年,党的十八届四中全会强调“加强法律文书释法说理,建立生效法律文书统一上网和公开查询制度”,将我国判决书说理改革提高到前所未有的高度,判决书说理重要性日益凸显。2014年,最高人民法院第四个“五年改革纲要”将“判决书说理”改革再次予以明确。2018年,最高人民法院为规范和加强我国判决书的说理性颁发《关于加强和规范裁判文书释法说理的指导意见》。由此可见,判决书能否进行强而有力的说理是新时期一项新挑战,也是当下我国司法改革中急迫需要解决的一项重要课题。

　　以往关于判决书的说理性研究可以概括为“一个中心,三种观点”,即以判决理由为中心,法官素质论、法律制度论和策略考虑论等三种观点,这些研究是有益的、富有启示性的,但忽视了判决书结构的影响。本书认为说理是一个全面的综合体系,包括说理者、听众、说理的环境和说理的方式等,因此我们不仅要关注它是什么人说的,还要关注它说了什么,以及它是如何说的。判决书的说理亦然,它的说理性不拘泥于判决理由部分,而在整个结构。判决书结构是判决书文本的构成要素及其要素间的关系。判决书结构从不同侧面反映说理的要素,展示说理的内容,影响说理的功能。本书通过比较、分析中外判决书的结构,认为我国判决书结构的不合理性制约着我国判决书的说理性。因此,为了增强判决书的说理性,弥补立法之局限,我们必须改善判决书的结构,同时有必要借鉴其他国家的有益做法。

---

　　①　葛洪义.法与实践理性[M].中国政法大学出版社,2002.

目录 | Contents

引　言

研究背景

关于判决书说理的研究始于 20 世纪 90 年代。学界主要有如下三种观点：

第一，法官素质论，这种观点认为由于历史的原因，我国的部分法官素质比较低，不讲理或说理不透是必然的。"法官整体素质不高，是裁判文书说理不足的根本原因。"[①]为了增强判决的说理性，必须提高法官的知识水平，传授法律推理技巧。实践中的各种法官培训，学术上的法律推理的探讨或多或少带有这种倾向。

第二，制度原因论，这种观点认为目前这种局面主要是成文法制度的原因，[②]我国是具有大陆法系传统的国家，要引进英美的判例法制度，增强判决的说理性。

第三，策略考虑论，这种观点认为法官不写判决理由或判决书不讲理，既不是由于素质问题，恐怕也不是由于法律制度的问题，而更多的是出于把纠纷处理好，如何"摆平理顺"的技术、策略考虑。[③]

这些研究是有益的、富有启示性的，所提出的建议措施在一定程度上促进了判决书说理水平的提高，但仅关注"说理者"和"制度"是不够的。学界一般研究影响判决书说理性的原因，而缺乏本体论的研究，忽视了对判决书说理含义、要素、模式以及特征的研究，而且目前关于判决书说理性的研究主要集中于"判决理由"部分，缺乏对整个判决书结构进行研究。严格地说，这是研究"判决"的说理性，而不是"判决书"的说理性。毫无疑问，"判决理由"是判决书说理性的重要体现，而不是说理的唯一载体。

研究对象

判决书的说理不同于其他论证说理，因为它要受到法律、程序的限制。因此

---

① 唐文.法官判案如何讲理.人民法院出版社,2000:149-153.

② 朱苏力.判决书的背后[J].法学研究,2001(3).

③ 葛洪义.法律思维与法律方法:第 2 辑[M].中国政法大学出版社,2003:334.

判决书的说理具有特定的含义:

(1)说理的听众主要是当事人,司法判决以案件当事人为直接和主要对象,[①]因为判决关系到他们的切身利益,他们的诉求是判决书说理的动因。司法判决书还要担负法律教育、法律监督的重任,社会公众、上级法院也是不可或缺的听众。

(2)说理的事由是当事人的请求,这是法官说理的动因。围绕这些请求,判决书需要论证事实性材料和规范性材料的选用,前者包括事件、实物、人物、行为和动机等信息,后者包括规则、原则、标准等。

(3)说理的"理"是法律,即用法律说话,法律是法律人最好的理由,也是判决书最好的理由。"因为法律是普遍的明确的公开的确定的规则。其他论证形式需要的理由则往往不是一目了然的,有时甚至是含糊不清且相互对立的。对普通人来说,又可能是晦涩难懂的。"[②]判决书的说理性离不开一个"法"字,任何缺乏"法律"论证的判决都是不讲理的,政策、学理、情理、习惯都缺乏说服力。作为理由的法律不仅指规则,而且还指原则,不仅包括实体的,还包括程序的。

(4)说理的主体是法官,是参与庭审的制作判决书的法官,不是合议庭、审判委员会和法院。合议庭、审判委员会、法院只是一个组织一个机构,不具备推理、说理的思维能力,它们的"说理"最终通过庭审的法官完成。

(5)说理的方式是书面的,说理的环境应该是公开透明的,应该表明它的"理"是什么,它的结论是什么,法律理由是什么,即如何认定事实的、如何适用法律的或者说判决理由是什么。法律理由都有强弱之分,不同的理由便有了竞争关系,法官应该提供更充分更强有力的理由,法官必须在每个案件的具体条件下对不同的法律理由作出权衡,以获得该案的合法结论。[③]

研究视角与方法

本书在比较各国判决书的基础上,借鉴社会心理学信息交流、态度改变模型,试从结构的角度研究影响判决书说理性的原因。

著名的社会心理学家霍夫兰(C. Holand),提出了一种以信息交流为基础的态度改变模型——说服模型,其实也是说理的模型,如下图所示。

---

① 张志铭.法律解释操作分析.中国政法大学出版社,1999:201.

② 葛洪义.法律思维与法律方法:第2辑[M].中国政法大学出版社,2003:313.

③ 史蒂文·伯顿.法律和法律推理导论[M].张志铭,译.中国政法大学出版社,1998:

态度改变的说服模型①

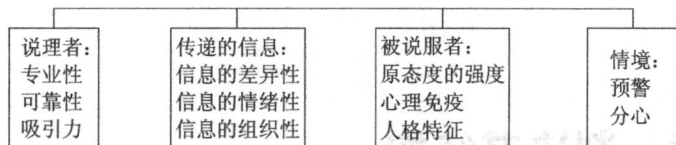

说理者: 专业性 可靠性 吸引力	传递的信息: 信息的差异性 信息的情绪性 信息的组织性	被说服者: 原态度的强度 心理免疫 人格特征	情境: 预警 分心

　　霍夫兰认为在说理过程中,"说服者、信息传递方式(即说理的方式——笔者注)、被说服者、情境"都是至关重要的。我们不仅要关注什么人说的,还要关注他说了什么以及他是如何说的。法院所说的以及它怎么说的同判决书的结果一样重要。②

　　本书的思路大致如下:第一章简要介绍判决书结构,包括域外判决书结构,我国判决书结构,以及判决书结构概念。判决书结构不同反映了文化的差别,但判决书结构都有制约法官审判、再现审判过程、承载论证说理的功能。第二章详细论述判决书说理,包括判决书说理的历史、含义、要素、模式以及特征。判决书说理实际上是一个劝服过程,是法官精心选择材料、组织材料,利用判决书这种书面形式,向人们论证判决结论正当性的过程。判决书说理效果如何,同样取决于四大要素,即说理主体、主要受众、说理内容以及说理方式。每个要素的特质对判决书说理有着不同程度的影响。第三章阐明判决书结构与判决书说理的关系。两者宏观上是结果与原因、结构与功能、手段与目的的关系,即说理性是判决书结构产生的原因、现实的功能、应然的目的,结构是说理性产生的结果、承载说理性的结构、实现说理性的手段;在微观上,判决书要素的数量、性质以及要素之间的相互关系对判决书说理都有重要影响。第四章具体分析我国判决书结构及其说理性。通过比较中外判决书首部、主文、事实、理由和尾部,认为我国判决书首部程序事项公开不够、主文位置不合理、事实部分界定不清、理由模式过于简单、尾部署名缺乏激励,等等,这些结构的不合理性制约着我国判决书的说理性,并建议完善我国判决书相关结构。第五章主要对我国近些年出现的判决书文本结构——少数意见和法官后语进行探讨,认为它们是增进法律说理和道德说理的重要方式,建议按照实际情况引进少数意见制度和法官后语形式。第六章指出影响判决书说理性的其他因素,如文化传统、法律制度以及法官素质,这些因素的消极影响可以通过判决书结构的建构加以限制。

---

①　申荷永.社会心理学 原理与应用[M].暨南大学出版社 1999:111-112.

②　解兴权.通向正义之路——法律推理的方法论研究.中国政法大学出版社,2000:273.

第一章　判决书结构

判决书是具有法律效力的司法文件,是正确实施法律的重要工具。因此,撰写判决书应当对制作的内容要求、语句要求和技术要求进行研究,讲求规范操作。与一般文章篇章结构相比,判决书结构有其特殊性,程式化要求比较高,这是由判决书的基本性质决定的。结构虽属于形式问题,但它对内容的表述也有反作用。不掌握判决书的结构特点,轻则会损害判决书的完整性、严肃性,重则将影响案件的正确和及时执行。研究判决书的结构特点和基本要素,归根结底是为了更好地表达判决书的内容,为正确全面执行裁判服务。所以,当判决书的主旨和材料确定之后,正确合理的结构安排就成为写好判决书的决定因素。从一定意义上讲,判决书的结构安排关系着判决书制作质量的高低和是否符合法定要求。

第一节　域外判决书结构要览

判决书作为处理涉法事务所使用的一种书面文书,是随着语言文字、法律制度、执法机关的产生而出现,并伴随着政治、经济、法律和文化的发展变化不断走向成熟与完善的。对历史上不同国家、不同地区以及它们各个阶段曾经出现过的各种类型的判决书进行比较和分析,将有助于我们进一步深刻认识判决书的本质特征和演进变化规律,促使我们认真思索判决书改革的路径和方向,以求切实提高我国判决书的制作质量。

一、判决书结构的起源(原始社会—公元 476 年)

为了探询判决书初生时的点点印迹,我们必须溯源而上,回首人类社会历史发展的早期。从那些古老而神秘的土地,从那些充满着智慧和理性的先民们留下来的文化瑰宝中去找寻判决书最初那朦朦胧胧、混沌不清的身影。

(一)古代西亚

古代西亚的幼发拉底河和底格里斯河流城,也就是通常人们所说的两河流域是世界上最早形成国家的地区之一。在公元前 19 世纪,阿摩利人就占据了幼发拉底河中游东岸的巴比伦城,建立了古巴比伦王国。古巴比伦第六代国王汉谟拉比统治时期,巴比伦成为一个强盛的国家。汉谟拉比每天要处理的申诉案件实在太多,疲于应付。于是,他命令臣下对两河流域业已存在的习惯法加以斟酌损益并适应统一的中央集权国家之需要,编撰了一部当时通行全国而后闻名世界的楔形文字法——《汉谟拉比法典》。该法典实际上是一部司法判决的汇编,比较全面地反映了当时的社会状况。它言辞简练明确,如果考虑在那样一个历史时期不可能存在明晰的文体分类、法律规范与判决书浑然一体的实际状况的话,我们甚至可以说这部法典实际上是一部判决书的汇编,代表了判决书在人类幼年时期的较高水平。这部法典后来成为闪米特以及其他各族,如亚述人、迦勒底人和希伯来人制定法律的基础。

(二)古代印度

古代印度是人类文明的发祥地之一,拥有悠久的法律文化。印度是一个盛产宗教的国度,这使它的法律文化具有深厚的宗教学基础和鲜明的民族特色。对印度社会影响最深远的是印度教,其前身为婆罗门教,几乎与国家、法律同时产生于公元前 7 世纪左右。印度教法是印度教义的制度化和法律化,是印度教徒在宗教、世俗生活中一切行为规范的总称。公元前 3 世纪至公元 5 世纪,婆罗门贵族撰写大量的法典,古代印度进入所谓的"法典阶段"。其中《摩奴法典》被认为是最古老、最正式、最权威的著作之一。法典由古印度婆罗门教祭司根据自古以来形成的风俗习惯逐渐改造而成,融合了宗教、哲学、道德、法律等各种规范。法典以诗歌体写成,记载着印度的先民们"对朦胧的正义、神圣的规则及隐秘的秩序的想象和渴望"。印度是一个充满浪漫幻想的国度,印度人民洋溢着一种理性精神而且重视追求理想。《摩奴法典》集中体现了当时那个时代的文化特征和民族特性,因此认为它向我们暗示着古印度判决书别具一格的风格,应该不是一种毫无根据的臆断。古印度的法律制度曾经伴随着宗教传播到东南亚、东亚一带,因此形成了东方三大法律文化之一的"印度法系"。

(三)古希腊

属于印欧族的希腊人,从古埃及人、巴比伦人、腓尼基人以及许多闪米特部族那里接过古典文明的火炬,并且将之传承给了罗马人。我们今天主要是通过不朽的荷马史诗和海希奥德的诗歌来了解古希腊人的法律思想。在古希腊人看来,法律是由神颁布的,而人则是通过神意的启示才得知法律的。司法裁判的职责掌握在诸神的手中,司法判决被认为是神的旨意,法官之所以能够就案件做出裁决,是因为他们拥有神的帮助。在古希腊的早期,法律和宗教在很大程度上是合一的。在法律和立法问题中,特耳非的圣理名言常常被引用,因为他的名言被认为是阐明神意的一种权威性意见。然而在公元前5世纪,哲学开始和宗教相分离,人们不再把法律看作是恒定不可改移的神授命令,它可以根据人的意志而改变。古希腊伟大的哲学家苏格拉底、柏拉图和亚里士多德等的法律思想至今仍给我们以启示。亚里士多德认为,法律无法对特殊的情形做详尽规定,当特殊案件出现时,法官可以背离法律的字面含义,并像立法者所可能会对该问题作出的处理那样审理该案件。[①] 而且希腊人好辩,诡辩盛行。为了考究语言结构和规律,他们发展出一整套的文法学。[②] 这样一些思想观念和语言特色自然或隐或显地会在当时的立法和司法中得以体现,从而有助于形成其判决书的独特风貌。

(四)古罗马

在古罗马建立后的一千多年里,其诉讼制度发生了很大的变化,先后经历了三个时期:法定诉讼时期、程式诉讼时期和非常诉讼时期。

在法定诉讼制度下,原告严格遵循法律规定的诉权起诉,当事人在诉讼中必须使用法定的言词和动作,有出入便会败诉。在这一时期,诉讼全靠言词而不用书面状子,当事人没有书状,法官和承审员也不记录当事人的陈述和证人的证言。但此种情形在后来的诉讼制度下有所改变。

在程式诉讼时期,按照程式诉讼的要求,当事人的陈述经大法官审查认可后制作成程式书状,由此确定争议的焦点,并提示判决要旨。程式的诉讼内容因诉讼的性质不同,按其记的事项可以分为主要部分和附加部分,主要部分包括下列诸项:承审员的任命、请求的原因,原告的请求和判决要旨。附加部分由前书和抗辩两项组成。前书有为原告利益的前书和为被告利益的前书之分;抗辩就是被告的答辩。当时代理大法官在程式中创设了"转渡程式",列本人姓名于程式的请求部分,列代理人的姓名于判决部分,使后者承担诉讼结果。程式诉讼时期大法官除进行法律审理、拟定程式以解决讼争外,还运用其统治权发布各种命令,为诉讼上必要之处理,令状即为其中一种。令状是大法官应一方当事人的请求,依据其统治权对他方下达的作为或不作为的命令。[③] 大法官制作的程式书状和发布的令状都可以看作是判决书的雏形。

---

①　博登海默.法理学:法律哲学与法律方法[M].邓正来,译.中国政法大学出版社,1999:3.

②　顾准.顾准文集.贵州人民出版社,1994:242-243.

③　周枏.罗马法原论.商务印书馆,1994:927.

　　非常诉讼时期,罗马诉讼程序中的传唤方式为一般先由原告向法官呈送申请书,陈述其起诉原因和目的,法官审查后,由原告直接通知被告,称为"诉讼通知"。优士丁尼一世时,传唤形式又发生了变化,更加简洁:先由原告将起诉事实和目的制作成诉状,原告和书记官签字并提供担保人后,再向有管辖权的法院呈递。法官审查诉状后,令执达员直接送给被告。被告的答状应于 20 日内向法院提出。当时对案件的审理沿袭行政程序,一般不公开进行。但判决书必须以书面形式为之,且须当众宣读。①

　　综上可知,在罗马法时代,诉状、答状和判决书不但已经出现并且已经有了程式化的要求,内容也较为完备。罗马法的影响范围是世界性的,各国都不同程度地仿效罗马法。许多国家依据罗马私法的模式建立了本国的法律制度,从而形成了所谓的"罗马法系"和"普通法系"。因而,我们有理由相信,它在判决书制作方面的经验也同样会随着其私法渗透至其他国家。

二、判决书结构的发展(公元 476 年—公元 15 世纪)

　　公元前 1 世纪至公元 5 世纪,在罗马帝国的北部边境外生活着众多的尚处在原始社会的日耳曼族部落。他们入侵衰落的罗马帝国,终于在公元 476 年使得庞大的西罗马帝国灭亡。西欧从此进入中世纪时代。西欧中世纪法制由日耳曼法、罗马法与教会法构成:日耳曼法在中世纪早期占统治地位;罗马法在中世纪中期得以复兴;教会法是天主教会制定和颁布的法规的总称,对中世纪西欧社会影响巨大。在这一时期内判决书逐渐成型并有了一定的发展。

(一)日耳曼法对判决书语言规范化的影响

　　日耳曼法是日耳曼人氏族制度解体、向封建社会过渡时期的法律。在日耳曼历史时期,氏族采取公众裁判制度,审判案件时,全部族公民都要到场。最终的裁判源自全体诉讼参与人和在场旁听人员共同表决的结果。日耳曼法注重形式,注重法律行为的外部表现,各种法律行为都必须遵守固定的形式,使用特定的语言,做特定的象征性动作,否则不发生法律效力。在日耳曼法中,法兰克王国初期的成文法《撒利克法典》影响最大。依据《撒利克法典》,只有是非不明的案件才需向法院起诉。诉讼实行自诉原则,由原告自己或偕同亲属数人前往传唤被告,传唤时需讲固定的语言。案件的证据通常为誓言,法官认定事实的方法为神明裁判。但在王室法院和巡回法院中逐渐形成纠问式的诉讼制度,由审判官主动询问当事人和证人以查清事实,为判决提供依据。法官在对证据进行判

―――――――――
　　①　周枬.罗马法原论.商务印书馆,1994:995-997.

断时没有规则上的限制,主要源于内心确信。至中世纪中期,这种诉讼制度为教会和世俗法院所采用。

(二)教会法对判决书形式程式化的影响

当罗马从城邦共和国变为罗马帝国以后,面临着精神解体的危机,基督教适时地提供了当时迫切要求的福音,于是基督教成为帝国的国教。在中世纪的欧洲,随着基督福音的广泛传播,尤其在 1075 年经格列高利教皇改革后,教会法发达起来了。教会法是中世纪欧洲大陆唯一普遍适用的法律体系。当此时,所有知识都源出于基督教的信仰之中,基督教承担起保存和传承文明的使命①,但同时,随着教会势力的扩张,教会审判案件的范围也越来越大。教会法院基本上继承了罗马帝国的诉讼制度,法官主宰着整个诉讼过程,教会法要求法官依据理性和良心对当事人及证人进行询问,当事人几乎没有任何诉讼权利可言。关于民事案件的诉讼程序,无论是起诉还是上诉,都采用烦琐的书面形式。被告答辩和询问证人也以书面形式进行。法官必须作出书面的裁判结论。不过当时审判不公开进行,法官仅以书面材料和口头作出判决,裁判理由无须在书面的裁判中加以阐释。

(三)罗马法复兴对判决书理念更新的影响

罗马法在中世纪时几乎沉寂,粗陋的日耳曼习惯法和严苛的教会法规统治着欧洲。但在 12 世纪,随着罗马法的集成《国法大全》真本在意大利被发现,以及城市的崛起和商业的迅速发展,欧洲掀起了一场声势浩大的学习、研讨和传播罗马法的运动,并一直延续至 15 世纪,这就是著名的罗马法复兴运动。这场运动使得罗马的诉讼制度为西欧的教会审判制度、世俗审判制度、采邑审判制度和商事审判制度所吸收。罗马法还为后世提供了基本的术语体系。"近代西方法律制度在 11 世纪和 12 世纪的出现是与欧洲最早的一批大学的出现密切相关的。在那里,西欧第一次将法律作为一种独特的和系统化的知识体系即一门学科来教授,其中零散的司法判决、规则以及制定法都被予以客观的研究,并且依据一般原理和真理而加以解释,整个法律制度均是以这些原理和真理为基础的。"②由此可见,对罗马法的研究使得先进的法律理念破土而出,并向立法和司法制度渗透,这当然会迫使判决书的制作跟上时代前进的步伐,反映新时期的法律思想。

---

① 梁治平.法辨.中国政法大学出版社,2002:182.

② 伯尔曼.法律与革命.贺卫方,译,中国大百科全书出版社,1993:143.

三、判决书结构的成熟与分野(公元15世纪—现代)

15世纪以后,资本主义经济细胞在封建母体中孕育、成长,欧洲步入近代时期。与此同时,发端于欧洲中世纪的文艺复兴以自然哲学和人文主义为阵地,开辟了资本主义发展的精神家园,近代资本主义向着更为深远的意境迈开了坚定的脚步。思想文化的启蒙导致了整个西方世界接踵而至的制度变革运动,并很快将其推入现代化的发展轨道。资本主义发展所必需的罗马法复兴运动、资本主义世界的工业化进程以及资本主义世界经济的建立和发展,为近代资本主义法律制度的建立和发展提供了思想和制度上的准备工作,而现代资本主义法律制度则是在对近代法律制度进行重新修正的基础上发展起来的。[①] 然而由于历史文化传统、政治体制以及法律制度的差异,英美法系和大陆法系的分野日渐显著。两大法系在判决书制作上日臻成熟,各具特色且差异明显。以下是两大法系判决书的简介,读者或许能够从中窥见当今世界两大法系判决书的风貌。

(一)英美法系的判决书结构

早在11世纪,威廉一世征服英国后,就建立了中央集权的政权。为了王权的巩固与社会的发展,皇家法院承担起了健全和统一法制的历史重任。皇家法院的巡回法官定期到各巡回区巡回审判案件,他们除使用国王的诏书、敕令外,还有选择地使用地方习惯法,形成判例法,并使之成为普遍适用于全境的普通法,构成了独特的英格兰法律体系。而美国从17世纪开始,继承了普通法,建立了普通法的判例理论。在此基础上,又参照大陆法系的法律文献创制了美国的法律。但因其来源于英国法,故而在传统上属于普通法系。英美法系国家的判决书为适应普通法的需要,自成一格。

1.极具权威的令状

令状最早出现于9至10世纪,原为信件式的国王命令,用拉丁文写成,由王室文书处大法官厅发出。至亨利二世,令状种类繁多并被大量用于土地纠纷等民事案件的司法审判中,并逐步形成若干各不相同的固定格式,每一种形式的令状只能适用于某一种案件。令状成为到王室法庭进行诉讼的前提,凡自由人如有冤情均可向国王申请相应的司法令状,然后王室法庭根据令状规定的程序进行诉讼。令状代表着国王的权威,取得国王的司法令状当时已成为启动大多数诉讼的必要步骤。令状不断地为王室司法管辖开拓领域,对普通法的形成具有极为重要的作用。

---

① 郭成伟,马志刚.近代中西文化启蒙及法制建设之比较[J].比较法研究,2001(2).

2. 崇尚论理的判决

以英美为代表的普通法国家,法院的判决书称意见。这里的"意见"指的是判决理由。在他们的诉讼中,判例既是程序的指南,也是判决的依据。自 13 世纪起,英国开始出现私人判例的汇编,也就是各种判决的汇集。19 世纪,在判例汇编制度完全形成以后,英国法中的先例原则正式确立。[①] 遵循这一原则,上级法院的判例、本法院先前的判例对下级法院和本法院后来的类似案件具有约束力,同级的其他法院的判例乃至下级法院的判例对某法院的案件判决也具有参考意义。但有拘束力的判例不是判决本身,是判决理由,即从案件事实中提炼出来的法律原则或规则。先例原则对英美系国家判决书的制作产生了深远的影响。法官们在制作判决书时,始终会有创制规则以及某种政策的考虑,他们往往特别关注于判决作为法律对未来一系列案件的可能的影响。

(二)大陆法系的判决书结构

以法德为代表的大陆法系起源于罗马法。大陆法系国家崇尚国家至上,而制定和颁布法律正是国家权力的象征。国家制定法律的目的就是提供一种行为模式,让人们普遍遵守。因而对大陆法系国家而言,主要法律渊源是制定法,法典繁多。人们普遍认为,在适用法律的过程中,法官的使命就是依据成文法对具体案件作出适当的判决。于是,法官解释法律的权力受到严格限制。如此的法律思想和法律制度,使得大陆法系国家的判决书呈现出另一种面貌。

大陆法系国家的诉讼法往往明确列出了判决书应当包括的事项。法国《新民事诉讼法典》第四百五十四条、四百五十五条即详细规定了相关内容。立法要求判决书简要阐明各方当事人的诉讼请求以及各自提出理由,对于裁判的理由也应予以说明。但是对论证说理,大陆法系并非特别注重说理。《法国刑事诉讼法典》对刑事判决书的规定,仅仅是要"载明宣读的事实","载明适用的法律",并无论证的要求。对大陆法系的法官而言,他们必须一丝不苟地适用法律,尽管仍不免对法律进行解释,甚至也有着一定程度的创造,但推理相对简单,更多采用演绎的方式。甚至在法国,制作判决书并非法官的职责,法律明文规定为书记员的职责。[②] 因而大陆法系的判决大多文字精炼、表达清晰,说理简明扼要。不过德国的判决书仍然注重说理,讲求运用严密的逻辑旁征博引,论述也较为详尽。当然与英美法系相比,仍不失其简约之风。

---

① 陈盛清. 外国法制史. 北京大学出版社,1987:136.
② 朱苏力. 判决书的背后[J]. 法学研究,2001(3).

(三)两大法系判决书结构的比较

1.判决书的构成要素

首先需要指出的是,关于判决书的构成要素这一问题,大陆法系和英美法系国家对其规定的方式是不一样的。大陆法系国家植根于其成文法的传统,对判决书的构成要素也多是以明文规定的方式加以明确,而英美法系国家几乎没有对裁判文书的构成要素作出统一的规定。但尽管如此,从英美法系国家的司法实践来看,判决书的构成要素是由司法惯例决定的,其裁判文书的构成要素并未因此而有所欠缺,其所必须具备的要素内容乃是建立于司法实践中普遍接受的惯例的基础之上,而这种惯例更多的是以最高法院的实践为样本。

当今,判决书已经成了转达判决结论、论证说理的重要途径,判决书必须论证说理,意味着它所记载的事项内容具备一定的制度性要求,具备一定的结构。在所有的现代国家,判决书都包含最低限度的内容或要素。其中主要有六个方面的要素:案件所经程序的叙述,当事人提交证据和所持论点的概述,案件事实的陈述,适用法律规则,支持判决的理由,以及法院最后的判断和判决。①

大陆法系国家如法国《新民事诉讼法典》第四百五十四条规定,判决书应当包括以下事项:(1)作出判决的法院,对案件进行评议的法官的姓名;(2)判决的日期,检察机关代表的姓名,如其参加了案件的法庭辩论;(3)书记员的姓名,各方当事人的姓名或名称、字号以及他们的住所或者总机构住所地;(4)相应场合,各律师的姓名,或者代理或协助各方当事人的姓名;(5)非讼案件之判决,应当向其通知判决的人的姓名。德国《民事诉讼法》第三百一十三条规定:(1)判决书应记载:当事人,其法定代理人与诉讼代理人;法院参与裁判的法官的姓名;言词辩论终结的日期;判决主文;事实;裁判理由。(2)事实项下,应特别表明提出的申请,兹简略地叙明提出的请求以及所用防御方法的主要内容,因案件和诉讼的不同情况,应该引用书状、记录和其他文件。(3)裁判理由项上,应简略地记载从事实和法律两方面作出裁判的依据的论据。相比较而言,日本《民事诉讼法》就判决书的构成要素规定更为简洁明了,包括:(1)主文;(2)事实;(3)理由;(4)口头辩论的终结之日;(5)当事人及法定代理人;(6)法院。根据以上各国的规定及其实践,德国和日本不同的是,其是将判决主文置于判决书的前面。

就英美法系国家而言,尽管其并没有专门的法律规定裁判文书的构成要素,但除了当事人的姓名、法官的姓名、裁判作出的日期等常规要素外,还包括了案件审理的基本程序、当事人的基本观点及基本要求、当事人提交的基本证据、案

---

① 张志铭.法律解释操作分析:[M],中国政法大学出版社,1999:202

件的基本事实、认定事实的基本理由、判决所适用的法律、适用法律的基本理由、判决结果等。

2.判决书的逻辑结构

西方两大法系判决书的主体部分,大体上遵循:issue(诉讼请求、争执焦点)——facts(事实)——reasoning(理由)——conclusion(判决)这一共同的结构模式,其中 facts 包括涉诉各方的事实陈述及举证、质证;reasoning 包括法官的认证、法律及事实之分析。当然,在文书的具体撰写制作中,两大法系的判决书又有不同的形态特点。大陆法系民事判决书的 reasoning 部分,可以通过该案事实、情节与以往众多案例的详尽比照分析,寻求一个不偏不倚的解决该案的方案。两大法系判决书理由部分的法理分析各具特色。判决即为法源的英美法系国家,判决理由的法理分析奉行个案思维方式,即从案件到案件的推理,在经验的基础上按照每个案件中司法正义所要求的从一个案件到下一个案件谨慎地进行,而不是从概念出发进行推断,在语言上崇尚雅致优美且颇具个性的文风,以阐释法官的独到见解。大陆法系国家的法理分析一般来说都讲求逻辑的严密性,其论证无懈可击,比较详尽地阐明判决原因。当然,在大陆法系内部,也有判决书中逻辑结构方面的细微差别。如法国采取简单归摄模式,判决书中陈述的仅是法律规则、相关的事实以及判决结论。而德国则采取了复杂归摄模式,提供了一种更长、更为详尽的证明。由此产生的对判决书本身篇幅的影响是,德国法院判决书论述相对更为充分,篇幅较法国法院的判决书要长得多。

3.判决书的具体要素

按照我们的思维习惯,判决书的结构可以分为五大部分,即首部、事实部分、判决理由、主文以及尾部,它们关系十分密切,例如主文是理由之结论,理由则是针对事实的理由。综观世界各国判决书结构,这五大部分组成顺序即主文的位置并不相同,德国、日本实行"主文——事实——理由"模式,[①]而法国与俄罗斯实行"事实——理由——主文"模式;而且这五大部分又包括若干要素,这些要素也并不完全相同,它们的内部结构各异:

首部,一般记载案件的基本情况以及诉讼参与人如当事人的姓名及委托代理人等,英国、美国、德国、俄罗斯等还记载审理法官的姓名、言词辩论及审判日期,英美国家还对审理过程中的投票情况、不同意见等程序性事项进行记载。

事实部分,一部分国家和地区包括英、美、德、日以及我国港澳台将事实界定为当事人给出的事实,而不是法官认定的事实,法国和俄罗斯将事实界定为法官

---

① 英美法系国家因为结构灵活比较复杂,表面上是理由——主文结构,其实在事实部分已有判决结论。

认定的事实、情节及证据。

理由部分,英美法系国家指法律适用的理由,大陆法系国家不仅包括法律适用的理由,还包括事实认定的理由。由于文化传统的不同,两种法系国家形成不同的理由模式:简单归摄式、复杂归摄式、对话选择式。[①]

尾部主要是署名和盖章,法国、比利时等只盖公章不署名;德国、日本不仅盖章而且署名。如果是合议庭审判的案件则要求集体署名;英国美国实行判决书撰写人署名,但不加盖公章。

一般来说,判决书的风格,包括结构方面的风格,大陆法系国家判决书结构一般格式化、规范化;英美法系国家的判决书比较自由、松散,浓缩了诉讼程序制度、司法制度,以及构成司法制度运作环境的各种经济、政治、文化因素。同一国度判决书的结构也有所差异,并非千篇一律。随着审理案件的法院和被审案件审级升高而不同,但判决书的个性从总体上取决于一国司法制度和诉讼文化对于法官自由裁量权的容许度。[②]

第二节 我国判决书结构演进

中华民族历史悠久,早在公元前2600多年的黄帝时代就开始有了国家的萌芽。国家为了维持其统治的需要,必然会产生对法律制度的需求。战国时期晋国大夫叔向认为"昔先王议事以制,不为刑辟。夏有乱政而作禹刑;商有乱政而作汤刑;周有乱政,而作九刑"。制定了法律则需要司法,判决书也随之出现。不但如此,判决书作为中华传统文化的一部分,如同其他文化遗产一样,十分鲜明地体现了我国传统文化的繁盛。从上古至清末,这一时期的判决书从起源到完备,发展脉络清晰。总起来看,这一时期的判决书发展大致可分为四个阶段:萌芽阶段、形成阶段、成熟阶段、完善阶段。

一、古代判决书结构的萌芽阶段——先秦时期

在那个时代,由于各种客观条件的限制,不可能有作为独立文体的判决书出现,但是随着执法活动的展开,社会产生了对判词的需要。迄今为止,我们所能见到的最早的判词之一,是1975年在陕西岐山县董家村出土的西周晚期夷厉时期的青铜器上所铸之铭文。这篇铭文记载的是一个叫牧牛的人违背誓言,犯了罪,名为伯扬父的司法官受理此案后作出的判决。该判词译成现代汉语为:"牧

---

① 张志铭.法律解释操作分析.中国政法大学出版社,1999:204-206.
② 哈里·爱德华兹.爱德华兹集[M].傅郁林,译.法律出版社,2003.

牛！你的行为被确定为诬告，你竟和你师傅打官司，你违背了先前的誓言。现在你立下誓言，到啬夫见亻朕，交还五个奴隶。既然你已立下了誓词，你也应遵守誓言。最初的责罚，我本应鞭你一千，并施以墨刑葭黑屋；现在我赦免你，鞭你五百，罚铜三百。"这段铭文并非裁判文本，而是对语判的记录，它表明当时的判决书包括基本事实、量刑情节及法律责任，所用语言简明晓畅，语义单一确定。

现今我们所能发现的先秦时代的可称得上是判决书的较为成熟的文本之一，是春秋时期韩原之战后，晋国处决大臣庆郑的文书，其原文为："君令司马说刑之。司马说进三军之士而数庆郑曰：'夫韩之誓曰：失次犯令，死；将止不面夷，死；伪言误众，死。今失次犯令，而罪一也；郑擅进退，而罪二也；女误梁由靡，使失秦公，而罪三也；君亲止，女（汝）不面夷，而罪四也。郑也就刑！'"如果比对现在的判决书不难看出，该段文字与我们今天刑事判决书结构很类似，有理由，有事实，有结论。判决过程首先罗列相关条文，即"韩之誓"的内容，然后，逐条对照以表明庆郑的行为符合相应的法律规定，因而必须处以极刑。这里既公开了裁判的法律依据，也展现了执法者执法的思维过程。相较前引西周"牧牛违誓"铭文，我们可以清晰地感受到历史发展的动向。

二、古代判决书结构的形成阶段——秦汉时期

群雄纷争、战乱频仍的局面为"六王毕，四海一"的大一统天下所取代。秦王朝为巩固专制的中央集权制度，厉行法治，从政治到经济，从生产到生活，一切均有所规定，恰如《盐铁论·刑德》之言："秦法繁于秋荼而网密于凝脂。"秦始皇统一中国后，在坚持商鞅、韩非等倡导的法治路线，明法度、定律令的同时，重用司法狱史，并为其行为确立法式。秦朝判决书已初具规模。湖北云梦睡虎地发掘的秦墓竹简，又称"云梦秦简"，包含有不少关于法律的内容。其中《法律答问》："甲乙雅不相知，甲往盗丙，乙亦往盗丙，与甲言，即各盗，其臧直各四百，已去而偕得。其前谋，当并臧以论；不谋，各坐臧。"甲乙二人素不相识，各自去丙处盗窃。在该处相遇，并有交谈。二人所盗赃物各值四百钱。离开后同时被捉获。二人若事前有预谋，则当以"并赃论"，即各以盗窃八百钱记赃；若没有预谋，则各自坐赃，即按盗窃四百钱记赃。判决书中不用真名，但案件事实、判决理由记载得十分清楚。

秦朝分崩离析后，汉王朝建立。汉朝基本上沿袭了秦朝的法律制度，并在此基础上加以改进和发展。大一统的国家和文化思想，完备的律法，为独立形态的判决书正式出现创造了良好的前提条件。汉朝的判决书在前朝的基础上，又有所损益使之更加完备。以判决书为例，汉儒董仲舒等人提倡"春秋决狱"，从法律实践方面为封建正统法律思想的建立创造了条件。如《九朝律考·卷一·汉律

考七》摘录董仲舒《春秋决狱》云："时有疑狱曰：甲无子，拾道旁弃儿乙养之，以为子及乙长，有罪杀人，以状语甲，甲藏匿乙，甲当何论？仲舒断曰：甲无子，振活养乙，虽非所生，谁与易之？诗曰：螟蛉有子，螺蠃负之。《春秋》之义，父为子隐，甲宜匿乙而不当坐。"董仲舒《春秋决狱》一书中所收判词大约是现存的最早的判词。前引判词注重裁判理由的论证，具有较强的逻辑性，它将律令规定的父为子隐扩大解释至养父子之间。这样判决书就为儒家思想渗透至法律实践活动提供了方便，使之成为封建法律儒家化的重要过渡形式。这一引礼为律的做法一直延续至魏晋南北朝，直至隋唐才退出历史舞台。

三、古代判决书结构的成熟阶段——唐宋时期

历史进展到隋唐时期，中国封建社会也达至鼎盛阶段，中国古代法律成果呈现出一派辉煌的景象，判决书借此得以继续发展并开始走向成熟。唐朝发达的法律文化为宋朝更上一层楼奠定了良好的基础，又兼宋朝以文官治天下，判决书终于独树一帜而受人瞩目。

隋唐两朝，我国的封建社会经济发达、国力强盛、文化繁荣，国家处处欣欣向荣。在这样一种时代背景下，判决书取得了长足的进步与发展，自在意料之中。其时大兴科举，实行试判三则，形成了统一的格式，判词一般分为两个部分，即"原题"和"原判"，"原题"往往概述案件来源和案由，"原判"则叙写案件事实、判决所依据的法律、情理和判决结果。清朝判词的程式化程度更高，卷首以"审得"写出案件事实，用"判道"表示判决部分开始，还要"此判"结束判决和全文。唐朝时，判词的制作水平有了极大的提高。当时存留下来的唐代判词，既有专集也有汇编，篇目众多。如张鷟的《龙筋凤髓判》卷为判词专集，白居易的《白氏长庆集》中亦有《甲乙篇》百篇。保存判词最多的是《全唐文》和《文苑英华》。敦煌吐鲁番出土的文书中也包含有数量可观的判词。不过，由于当时的科举考试"拔萃"一科要求考生"试判三则"，故而唐朝留下来的判词大部分为拟判。历经十年寒窗的士子们饱读诗书，满腹文章，因他们制作的拟判文辞典雅庄重、表达准确清晰、说理充分有力，且多用骈体写作而成。骈判是采用骈体文形式写成的判词，讲求语句对仗、音韵和谐，尤其喜欢用典故。骈判对此后我国古代判词语言风格的形成影响深远。此外，汉朝兴起的《春秋决狱》，这时虽不少见，但法律适用制度却已基本确立。《唐律疏议·断狱》就规定："诸断罪皆须具引律、令、格、式正文。""若制敕断罪，临时处分，不为永格，不得引为后比。若辄制罪有出入者，以故失论。"这对于规范判决书的制作无疑具有重要的作用。当然，不容否认的是，唐朝判词的缺陷与不足也十分明显。由于拟判的风靡，讲求文采之风盛行，如是则判词中华丽的辞藻、深奥的典故堆砌满篇，反而忽略了对事实的认定和证明，从而

影响了裁判法律适用的准确性。

宋朝的科举制度与唐朝相比具有显著的进步,使得科举选拔人才的优势得到了充分的体现。宋朝保留下来的判词绝大多数为实判,且经由唐末的散文化运动,已由骈体变为散体。《名公书判清明集》有判词117篇,多出自名家之手,且皆为散判和实判。宋朝判词不但保持了唐朝判词重视说理、表述准确精炼等特点,而且其实判性质决定了宋朝判词十分重视事实、情理的分析。这种风格影响了明清判词的制作,进而确立了散判的主体地位。

四、古代判决书结构的完善阶段——明清时期

明清两朝处于我国封建社会的末期。明代在继承唐宋法律传统的同时,针对社会的变化,也对法律进行了调整。但明朝末年,由于君主专制的极端发展损害了正常的社会秩序,明王朝走向了覆灭,为清朝所取代。清朝的法制凭借前朝的积累,已经达到相当完备的程度。我国古代的判决书历经各朝各代,至此终于登上自身所能达到的顶峰,进入完善的阶段。然而,不得不承认的是,相比同时期的法治发达国家而言,我们其实已经落后了。

明朝判词从内容上看,相关事实、判决理由、根据及裁判结果一应俱全,并且成为有机联系的整体。从表达上看,叙事清楚,说理充分,文理通顺;从语言上看,字斟句酌,遣词造句极为严格,且用语平实。当时的判词有"审语"与"看语"的区分,对自己有权处理的案件,裁判者拟具判词后即宣告,称为审语;对自己无权判决的案件,则拟具判词后尚需转呈上级核准,称为看语。从这一时期开始中国古代判词已确立了自己独特的风格和地位。明代判词流传下来的主要有李清的《折狱新语》,祁彪佳的《莆阳谳牍》,张肯堂的《䖢辞》,应槚《谳狱稿》等。其中李清的《折狱新语》收录判词230篇,是现存唯一的明朝判词专集,它是作者在宁波府推官任内审理各类民刑案件的结案判词,是当时的地方司法实录。该书中判词骈散结合,写得清楚明白、简单扼要,且夹叙夹议、前呼后应,既切于实用,也文辞优美。《折狱新语》对我们当今判决书的制作不无借鉴意义。

作为中国封建社会的末代王朝,清朝处于中国法制走向近代化的承上启下的重要历史变革时期。清代封建经济取得了超越前代的成就;清朝的法律,也是封建法律的集大成者。清朝保留至今的判词更是卷帙浩繁,判词专集有《樊山判牍》《陆稼书判牍》《于成龙判牍菁华》《张船山判牍》及《清朝名吏判牍选》等。另外,清代的档案材料中也收录有大量的判词。清朝的判词多为实判,或骈或散,自成一格。由于个案的不同,有的判词重在认定事实和分析、说明;有的判词重在分析和评价,对争议事件根据法理、法律进行条分缕析的剖析,并据以裁判。清代吏部尚书刚毅在其所著《审看拟式》中提出了"情节形势,叙列贵乎简明;援

律比例,轻重的乎情理"的制判要求。① 所以,这一时期的判词讲究用词,注重援引律例分析案情,达至完善之境。

五、中国近现代判决书结构的嬗变

(一)中国近代的判决书结构

清朝末年,封建专制社会内部的腐朽和西方列强的入侵,迫使中国面临"三千年未有之变局"。绵延几千余年的中华法系受到了激烈的抨击。晚清法制改革就是在这样的背景之下走上了历史舞台。从1901年开始,在不到十年的时间里,清王朝任命修律大臣在借鉴西方立法和司法经验的基础上,大规模修律改制,先后制定、颁布了几十部法律和单行法规。宣统年间,奕劻、沈家本编制了《考试法官必要》,其中对刑、民判决书格式作了统一规定。如刑事判决书的内容包括:(1)罪犯之姓名、籍贯、年龄、住所、职业;(2)犯罪之事实;(3)证明犯罪之理由;(4)援引法律某条;(5)援引法律之理由。民事判决书的内容包括:(1)诉讼人之姓名、籍贯、年龄、住所、职业;(2)呈诉事项;(3)证明理由之缘由;(4)判断之理由。② 这对1912年至中华人民共和国成立这一时期判决书的制作有很多的影响,可以说是我国当代判决书结构的雏形。此次改革虽因清王朝的最终覆灭而夭折,但其在法律观念、法律制度、法律体系等方面所表现出来的现代化特征依然给予了后世有益的启迪。法制改革促进了司法的革新,司法独立、审判公开、民刑分审、律师辩护、回避等制度初步确立。传统的司法专断开始走向现代的司法公正,司法活动的职业化之旅也终于起步。判决书的制作和研究彼时一直为人们所关注,传世之作甚多。《现行律令、判牍成案汇览》一书中汇集了判牍525篇,被时人评价为"法理精醇、文笔雅结"。

(二)中国现代的判决书结构

从1912年至中华人民共和国成立这一时期的判决书基本沿用了上述格式,不过增加了有关审判庭之名称、推事姓名及制判年月日等内容。民事判决书需载明6项基本内容:(1)当事人姓名、住所或居所,当事人为法人或其他团体者,其名称及事务所或营业所;(2)有法定代表人、诉讼代理人者,其姓名、住所或居所;(3)主文;(4)事实(应记载言辞辩理时当事人之声明,及其提出之攻击或防御方法);(5)理由(应记载关于攻击或防御方法之意见及法律上之意见);(6)法院。

---

① 汪世荣.中国古代判词研究.中国政法大学出版社,1997:36-38.
② 宁致远.司法文书学.中国政法大学出版社,2000:9.

刑事判决书较民事判决书复杂,要载明:(1)被告人姓名、籍贯、年龄、住所、职业;(2)辩护人的姓名;(3)案件和案件来源;(4)主文;(5)事实;(6)证据;(7)理由,这种结构后来影响解放区。这一时期,出版并留下来的判决书很多,《司法公牍》(魏易著,上海广益书局,1913年版)、《司法公文式例解》(胡暇编,商务印书馆,1914年版)、《司法案牍菁华》(襟霞阁主编)、《司法公牍类存》(张树声著,1922年版)、《分类译解可法公文程式大全》(张虚白编,大东书局,1925年版)、《民刑裁判大全》(谢森等著,上海会文堂新记书局,1937年版)、《民刑事裁判指误》(张敬修编,广东高等法院合作社,1947年版)、《民刑事判决书格式》(司法行政部,上海法学社,1948年版)等。如此丰富的著述为我国判决书制作的进一步规范和质量的提高提供了良好的经验积累。

抗日战争和解放战争时期,除边区革命政府之外,其余皆遵循国民党的六法全书,文书制作也大体沿用民国政府制定的文书格式。但在边区和解放区革命政府所辖范围内适用自己的法律。为了适应战争环境和解放区的实际情况,当时制作的判决书都强调通俗易懂,反对文词晦涩。在说理方面,大多充分而周详,且深入浅出。此种制作原则和要求,影响了解放后直至现在的判决书制作。

(三)中国当代的判决书结构

1951年中央人民政府司法部制定了一套《诉讼用纸格式》,这是历史上第一次系统地对诉讼文书格式加以规定。当时我国对判决书的文风也十分重视,19世纪60年代初,最高人民法院下达《关于改进审判文书的文风问题》,要求判决书叙述事实简明清晰,特别要把关键问题交代清楚;判断事实观点正确、态度鲜明、理由充分、引用政策法律恰当;使用语言文字确切精练,通俗易懂,标点符号也应运用正确,使识字的人一看就懂,读起来能使识字的人听懂。然而,此后法律虚无主义盛行,判决书制作抽象化、概念化,用形式逻辑推理的方法无限上纲,制作质量大为下降。改革开放后,判决书的规范化逐渐受到重视,并得到前所未有的发展。1980年,司法部重新修改制定了《诉讼文书样式》8类64种。1982年,最高人民法院民庭、经济庭为贯彻《民事诉讼法》(试行),制定了《民事诉讼文书样式》70种。最高人民法院在1992年6月20日印发了于1993年1月1日起试行的《法院诉讼文书样式(试行)》,共14类314种。

1999年,最高人民法院开始每五年推出一个改革纲要,不断推进判决书的结构改革和提高判决书的说理性。第一个《人民法院五年改革纲要(1999—2003)》提出,加快裁判文书的改革步伐,提高裁判文书的质量,改革的重点是加强对质证中有争议证据的分析、认证,增强判决的说理性;通过裁判文书,不仅记录裁判过程,而且公开裁判理由,使裁判文书成为向社会公众展示司法公正形象的载体,进行法制教育的生动教材;审判长和独任审判员依审判职责签发裁判文书。并在《说明》中指出,长期以来,我们的裁判文书千案一面,缺乏认证断理,看不出判决结果的形成过程,说服力不强。这样的判决书即使在认定事实和适用法律上没有错误,有时也不能说服当事人,往往造成一些当事人缠讼,未能取得良好的社会效果,同时,也使一些法官撰写判决书的业务水平长期得不到提高;判决书和裁定书是人民法院行使国家审判权的体现,是司法公正的最终载体,它不仅应当在结论上体现人民法院裁判的公正,而且应当通过透彻的说理使当事人知道、理解该裁判为什么是公正的。1999 年 4 月,最高人民法院印发了《法院刑事诉讼文书样式》(样本),要求各级人民法院要严格执行。此后,对于民事、行政判决书以及其他类型的判决书,最高人民法院为适应司法实践的需要也陆续印发了许多新样式。比如,2000 年 1 月,最高人民法院为国家赔偿案件确定了包括赔偿申请书、赔偿决定书、司法建议书以及通书和笔录等在内的 22 种文书样式。为推动最高人民法院《关于民事诉讼证据的若干规定》的施行,最高人民法院审判委员会 2003 年 1 月印发了《(关于民事诉讼证据的若干规定)文书样式(试行)》,包括文书 31 种。2003 年 3 月,为深入贯彻《中华人民共和国海事诉讼特别程序法》,又发布了《海事诉讼文书样式(试行)》共 9 类 87 种。2003 年 12 月 1 日,最高人民法院《关于适用简易程序审理民事案件的若干规定》正式施行。为了配合该法解释的贯彻实施,《民事简易程序诉讼文书样式(试行)》问世,其中包括新的文书样式 16 种。

后来的几个《人民法院改革纲要》继续强调推进审判和执行公开制度改革,增强裁判文书的说理性,提高司法的透明度,大力推动司法民主化进程。其中《人民法院第四个五年改革纲要(2014—2018)》是历史上最为关注判决书说理的一个改革纲要,纲要提出诸多措施确保判决书说理能够满足人民群众对司法的期待,如"一切证据必须经过庭审质证后才能作为裁判的依据,当事人双方争议较大的重要证据都必须在裁判文书中阐明采纳与否的理由","人民法院办理二审、提审、申请再审及申诉案件,应当在裁判文书中指出一审或原审存在的问题,并阐明裁判理由","改革裁判文书签发机制","科学界定合议庭成员的责任,既要确保其独立发表意见,也要明确其个人意见、履职行为在案件处理结果中的责任","推动人民陪审员制度改革。改革陪审方式,逐步实行人民陪审员不再审理法律适用问题,只参与审理事实认定问题","推动裁判文书说理改革。根据不同审级和案件类型,实现裁判文书的繁简分流。加强对当事人争议较大、法律关系复杂、社会关注度较高的一审案件,以及所有的二审案件、再审案件、审判委员会讨论决定案件裁判文书的说理性。对事实清楚、权利义务关系明确、当事人争议不大的一审民商事案件和事实清楚、证据确实充分、被告人认罪的一审轻微刑事案件,使用简化的裁判文书,通过填充要素、简化格式,提高裁判效率。重视律师辩护代理意见,对于律师依法提出的辩护代理意见未予采纳的,应当在裁判文书中说明理由。完善裁判文书说理的刚性约束机制和激励机制,建立裁判文书说理的评价体系,将裁判文书的说理水平作为法官业绩评价和晋级、选升的重要因素。"通过这些强有力的改革措施,法官的说理积极性明显有了极大的提高,我国判决书说理性得到明显的改善,判决书结构也在不断完善。时至今日,大家仍然在不断地进行探索和改革,期望判决书的制作质量得到切实提高,以符合建设现代法治国家的需要。

仅民事审判最高人民法院于 2003 年至 2012 年,先后印发了《〈关于民事诉讼证据的若干规定〉文书样式(试行)》(31 种)、《海事诉讼文书样式(试行)》(87种)、《民事简易程序诉讼文书样式》(16 种)、《民事审判监督程序裁判文书样式(试行)》(46 种)、《执行文书样式(试行)》(132 种)、《民事申请再审案件诉讼文书样式》(14 种)、《民事申请再审案件诉讼文书样式》(16 种)、《人民法院破产程序法律文书样式(试行)》(105 种)。2012 年 4 月,最高人民法院组织各级法院围绕提升案件庭审水平、提高裁判文书质量两个重要环节,开展"两评查"活动。2012年 8 月《民事诉讼法》修改后,最高人民法院为加强法律文书释法说理,建立了生效法律文书统一上网和公开查询制度,举行优秀裁判文书评选点评等活动。2015 年 4 月,为全面贯彻修改后的行政诉讼法,进一步规范和完善行政诉讼文书制作,最高人民法院发出《关于印发〈行政诉讼文书样式(试行)〉的通知》,要求更加强化裁判文书说理,以看得见的方式实现司法公正,不断提高行政审判工作水平。2016 年 7 月 5 日,最高人民法院发布《人民法院民事裁判文书制作规范》《民事诉讼文书样式》,自 2016 年 8 月 1 日起施行。除《海事诉讼文书样式(试行)》《人民法院破产程序法律文书样式(试行)》仍然适用外,《民事诉讼文书样式》以外的其他民事诉讼文书样式均不再适用。最高人民法院 2020 年发布《关于印发〈民事诉讼程序繁简分流改革试点相关诉讼文书样式〉的通知》,在 2016年《民事诉讼文书样式》基础上,根据试点工作的新变化和新要求,增补修订民事判决书、调解书、裁定书、告知书等相关诉讼文书样式合计 15 份。可以看出,我国判决书的结构在不断地完善发展,越来越程式化,越来越清晰,要素在不断地增多和改善,制约着法官审判、撰写的随意性,也促进了判决书的说理性。

建国后经历了多次司法文书的改革才形成现在的模式,即首部记载制作机关、文种标题、编号、当事人基本情况以及案由案件来源,事实部分记载当事人的事实和法院认定的事实,紧接着是判决理由和判决结论,最后是尾部:交代相关事项、签署、日期等。

第三节　判决书结构理论分析

　　为了提高诉讼文书的质量,国家制定了规范、标准且实用的司法判决的文书样式。各类判决书的写作程式,应当符合国家关于制作判决书的规范要求。简言之,司法判决必须符合技术规范和印制规范。研究判决书结构的类型、特点和成因,可以看出,判决书结构对判决书说理有重要的影响。

一、判决书结构的概念

　　所谓结构是指作为一个整体而存在的事物的各个组成要素及其相互关系,或称为一个系统、一个整体、一个集体。结构主义认为,结构是由具有整体性的若干转换规律组成的一个具有自身调整性质的图式体系。这是一个极其抽象的概念,但却道明了一般结构所具有的三个特点:整体性、转换性和自身调整性。[①]但是任何一个事物又不是孤立存在的,结构根源于事物的普遍联系之中,一个事物既有内部结构,同时又在与其他事物的关系中组成了另一个事物的结构,即外部结构。

　　判决书的结构是指文书作为一个整体而存在的各组成要素之间的有机的联系。判决书的结构可以从三种意义上来理解:一是案件事实是客观事物发展变化的体现。客观事物总是有一定的发展变化规律的,判决书的结构内容正是这种客观规律的体现;二是反映客观规律的过程总会有一定的存在形式,反映客观事实的规律总会选择一定的形式,这就是判决书的外在结构形式;三是判决书的结构是主体思维过程的一种再现方式,不同的结构内容和形式反映了不同的思维特点和规律。

　　因此,从判决书的构造来看,不同文种的内容要素并不完全相同,但不同文书的特定内容组织到一起形成了一个整的结构关系,这种结构关系指的就是文书的内部结构或内容结构。从文书的外在形式来看,判决书的结构往往是由文书的客观形式所反映的,可通过视觉一眼就能观察到的存在形式,这通常又称之为形式结构或格式。

---

　　① 皮亚杰.结构主义.倪连生,译.商务印书馆,1984:2

二、判决书的内容结构与形式结构

(一)判决书的内容结构

判决书的内容结构是指决定着判决书内在联系的各组成要素之间的有机组合。判决书的内容结构一般由事实、理由和结论三个部分组成。这三个组成部分往往形成一个整体且不可分割,其中存在着内在的、有机的逻辑联系。

就事实而言,法律事实指的是案情事实或案件事实,它并非无意义的一般事实,而是指的一种法律事实。所谓法律事实就是法律范畴所规定的、能够引起法律关系产生、变更和消灭的客观情况或现象。法律事实首先是一种客观存在的外在现象,而不是人们的一种心理现象或心理活动,纯粹的心理现象只是一种主观臆造,而不是法律事实。其次,法律事实是由法律规定的、具有法律意义的事实,能够引起法律关系的产生、变更或消灭。从这可以看出法律事实是经过证据证实了的事实,是经过依法举证、质证、认证的事实。法律事实是没有"选择"余地的,不能任意选择、取舍或剪裁。法律事实从类型上来看,大致可以分为两类,即法律事件和法律行为。法律事件是由法律范畴规定的、不以当事人的意志为转移而引起法律关系形成、变更或消灭的客观事实。法律事实又分成社会事件和自然事件两种。前者如社会革命、战争等,后者如人的生老病死、自然灾害等,这两种事件对于特定的法律关系主体而言,都是不可避免的,是不以人的意志为转移的。法律行为可以作为法律事实而存在,能引起法律关系形成、变更和消灭。因为人们的意志有善意与恶意、合法与违法之分,故其行为也可以分为善意行为、合法行为以及恶意行为、违法行为,如依法登记结婚的行为,导致婚姻关系的形成。同样,恶意行为、违法行为也能够引起法律关系的形成、变更和消灭,如犯罪行为产生刑事法律关系,也可能引起某些民事法律关系的产生或变更。

就理由而言,理由包括认定事实的理由和适用法律的理由。认定事实就是认定案件事实即对案件事实依法举证、质证、认证,为什么认定这个证据而不认定那个证据,必须经过推理判断,讲出所以然。客观存在的案情事实必须有其法律依据,否则就不是判决书所依据的事实。适用法律的理由是根据认定的法律事实,为什么适用这个法条而不适用另外的法条,这个过程必须经过推理论证,讲出道理。

就结论而言,判决书的结论一般是指判决书的制作目的或意图,具体来说就是制作该文书所要解决的问题,或解决程序问题或解决实体问题。判决书的结论具有鲜明、具体、集中等特点。

从判决书构成要素之间的关系来看,案件事实和法律规定是第一位的,结论是在事实和法律的基础上形成的。但在具体制作判决书时,结论往往又统帅着整个文书,这是由判决书内部结构的特点所决定的。

(二)判决书的形式结构

所谓形式结构即格式,指的是一定的规格样式,它反映的是判决书的外在形式。从结构的角度来理解,它是判决书的外在形式或外在结构。

判决书的形式结构一般包括首部、正文、尾部三个部分。首部是判决书的开头部分,一般包括文书名称,文书编号,当事人或当事人单位,案由或事由,案件来源和处理过程等项内容。

正文是判决书的核心部分,是文书要解决的问题及其法律事实和依据。任何一种判决书都有正文部分。同时,正文的内容都包括事实、理由及结论三项。不过有的"结论"指要求事项或处理意见或处理结果等。在有些文书中这三项内容是连在一起书写而不是分开表述的。

尾部是判决书的结束部分,一般包括告知事项、签署、日期、用印、附注说明等项内容。根据不同的文种,尾部的事项稍有不同,但签署、日期、用印则不可缺少。尾部的用语固定,程式严格,不能随便取舍,否则文书无效。

(三)判决书格式与结构的关系

判决书的结构与格式从广义的角度来理解都属于结构的范畴。从狭义的角度来理解,结构指的是文书内部的构造关系,而格式指的是文书的外在形式。因此,结构与格式的关系在文书的构造方面表现为一种内容与形式的关系,它们属于判决书构造过程中地位和作用各不相同的两个方面。结构与格式的关系表现在如下几个方面:

第一,结构与格式是相对独立的两个概念。对任何一种具体的文书来说,具体的内在构成要素是文书存在的基础,而文书的格式只是文书存在的表现形式。结构不同于格式,格式也不能等于结构,二者不能混淆。

第二,结构与格式又是统一在一个整体或者一个范式中的,这种统一性表现为二者相互依存、有机结合。结构与格式尽管是一种文书的两个不同方面,但任何文书的结构内容都有一定的存在形式,而任何文书的形式都必然反映一定的内容。因此,任何一种文书都必然是结构与格式的统一体,离开了结构内容或离开了文书格式的文书是不存在的。

第三,结构与格式是相互作用的。结构内容决定了文书的外在形式。有什么样的结构内容就要求有什么样的表现形式,当内容结构发生了变化,形式结构迟早也要随之变化。一定的文书形式只有在一定的结构内容的基础上,适合一定内容的需要,才会产生和出现。同时我们应注意,相同的结构内容可能存在多种表现形式,同一格式也可能表现不同或相反的结构内容。根据内容决定形式的原理,在理解判决书结构与格式关系时,要注意结构内容是决定性的因素,反对片面追求格式形式的形式主义作风。在我国,在判决书的标准范式、判决书的教材和判决书的制作和学习过程中,片面追求形式主义的现象是存在的。

三、判决书结构的特点

判决书的结构由于其实用性和专业性的需要决定了判决书的结构有显著的特点。这表现在以下三个方面。

(一)结构的稳定性

稳定性所体现出的是人们对于过去经验的重复,判决书的稳定性是由法律规则的稳定性和人类认识客观事物的规律性决定的。如果法律经常处于变化之中,如果人们的思维欠缺规律性,那么,法律的预测功能和调整功能则无法发挥。正是因为法律具有稳定性和人类的思维具有规律性,所以在法律的运转过程中才制作出稳定的判决书的结构形式。判决书的稳定性所表现出的特征就是结构的固定化,亦即行文模式的程式化。之所以要有这么严格的结构安排,一方面便于制作、管理,另一方面则是为了更有利于法律的实施。

(二)内容的规定性

判决书内容的规定性是由法律规则的稳定性、普遍性和强制性所决定的。正因为法律规则的自身特点,决定了法律在实施过程中应当体现这些特点。因此,在构造判决书的结构时,在形式上要求稳定、统一和规范,在内容构造方面还应具有规定性,二者相辅相成,形成格式与结构之间的相互协调。不仅如此,判决书内容的规定性还要求符合文书表达方面的特点,只有这样,才能确保判决书的合法性和实用性的有机结合。如《民事诉讼法》第一三十八条规定:"判决书应当写明:(一)案由、诉讼请求、争议的事实和理由;(二)判决认定的事实、理由和适用的法律依据;(三)判决结果和诉讼费用负担;(四)上诉期限和上诉的法院。判决书由审判人员、书记员署名,加盖人民法院印章。"这一规定既是制作判决书的程序依据,又是判决书结构内容的组成要素的来源。现行民事判决书的形式和内容结构正是这一规则的体现。

(三)结构用语的程式化

判决书结构用语的程式化是法律规则与语言功能的有机结合。判决书的外部结构形式是由首部、正文和尾部等层次构成的一个有机整体,任何一个层次在文书中都不是孤立存在的,而是彼此联系、相互衔接的,构成承接和过渡部分的样式,用语程式化。如法院的判决书通常在首部与正文之间以"现已审理终结"一语联系上下文。在文书的尾部以程式化的语句来交代有关事项,如一审判决书的尾部表述为,"如不服本判决,可在接到判决书的第二日起××日内,通过本院或者直接向×××人民法院提出上诉。书面上诉的,应当提交上诉状正本一份,副本×份。"这段话十分简练地交代了有关上诉权、上诉期限和上诉审理法院等内容,并且程式化色彩十分浓厚。

四、判决书结构的成因

判决书结构的形成是一个较为复杂的问题。判决书作为一种专业文书而存在,它的结构形成具有多种因素,具体表现在:

第一,判决书结构的形成是人的思维活动的一种客观反映。一般而言,文章是对客观事物的一种反映,而任何客观事物都有一个起始、发展和终结的过程。这是事物存在发展的必然规律。一般文章的结构以及判决书的基本结构正是这种客观规律的反映。亚里士多德曾说过:"所谓完整的结构,指事之有头、有身、有尾。"[①]所谓"头",指事之不必然上承他事,但自然引起他事发生者,所谓"尾",恰与此相反,指事之按照必然律或常规自然的上承其事者,但无他事继其后;所谓"身",指事之承前启后者。这是文章结构的本原,也是判决书内部结构形成的内在原因。

第二,判决书的结构内容来源于法律的规定。一般而言,不同的文书具有各自不同的内容,正是这些不同的内容要素构成了判决书的内在结构关系。由于判决书是法律的再现,因而,法律的规定性是判决书内在结构形成的核心和基础。判决书结构范式的创造和形成是以法律的规定性作为基础的。判决书内容诸如事实、理由、结论或意见等是以法律的规定为前提的。与此同时,社会政治制度、法律制度的变化和调整也会引起判决书内在结构的变化和调整。但这种调整和变化具有阶段性和缓慢性的特点,这是由于法律的严肃性和稳定性所决定的。

第三,判决书结构的形成源于历史的传承性。文化的发展总有一个传承和扬弃的过程。判决书结构的传承性来源于人们对历史的理解和依存。我国自唐代以来留存下来的大量优秀的判词精品,成为我们今天判决书结构的典范。可以这么说,我国古代判词中的叙事说理结构直到今天仍是我们制作文书的一种

---

① 亚里士多德. 诗学. 罗念生, 译. 人民文学出版社, 1996: 25-26.

借鉴。另外,从判决书的外在形式结构来看,我们今天看到的判决书格式来源于清朝末年沈家本等人的移植创建。在经过了几代人的努力之后,才发展成为今天的模样。这正说明了判决书无论是其外部形式还是内部构造都离不开历史的传承。

第四,不同文化之间的交流对判决书结构的形成也会产生影响。判决书的结构除了受上述几个方面的影响之外,不同文化之间的交流和借鉴对判决书结构的变化也会产生巨大的作用。我国历史上自先秦一直到清末这一漫长的历史过程中,判决书的结构样式基本上没有发生多大的变化,借用的是一般叙事议论文体的结构,同时刑事文书、民事文书的体式没有分开。直到清末随着各国文化交流的增多,我国引进了大陆法系国家的判决书的结构样式,才使得判决书在外在形式上更为类型化、格式化。目前为止,两大法系判决书结构方面的特点对我国判决书的结构变革仍在产生着不可忽视的影响。

总之,判决书作为一种独立的文体,本身就具备一定的结构。之所以需要一定的结构,在于有利于法官按特定的程序制作,制约他们的随意性,同时便于人们的阅读、理解和实施;还在于它能更好地再现审判过程。一个没有参加审判的人通过判决书大致知道审判的起因、经过、结果、人物等,对司法过程的了解有助于消除当事人的敌对状态,达到从根本解决纠纷的目的,使司法结果获得正当性和权威性;更重要的是它能更好地起到论证说理的作用,向败诉方表明判决是合法的、判决是合理的,而不单是一种国家权力的行为,更不是法官恣意的产物。

第二章　判决书说理

有关判决书说理功能的研究,学界主要有两种径路:第一种是法官径路,认为由于历史原因,我国法官素质比不上外国法官,判决书不讲理或说理不透是必然的,为了增强判决的说理性,必须提高法官的知识水平,提高他们的准入门槛,进行法官培训,传授法律推理技巧;第二种是制度径路,认为判例制度更容易催生说理性较强的判决书,先例制度、诉辩交易制度和案件分工制度等都是影响判决书说理功能背后的因素,大陆法系国家判决书说理只能望英美之项背。[①] 判决书说理功能确实离不开法官素质、立法制度和司法制度的影响,但仅关注"法官"和"制度"是不够的,这些研究富有启示性,在一定程度上为我们的司法改革指明了方向,但它们忽视了判决书说理的本体论研究,如判决书说理是什么,它有哪些要素构成,这些要素有哪些特征和作用。本章试图借鉴霍弗兰的劝服论,在这方面进行尝试性探讨。

第一节　判决书说理的考察

法院判决书应当说理,是古今中外人类理性认知与历史经验所达成的共识。在人类数千年的历史长河中,随着人类物质生活条件的改善、理性的不断成熟以及法律文明的发展变迁,判决书必须说理已成为具有公理性的、得到人类成员普遍认同的规则。这项规则是作为裁判者的法官必须遵守的特定职业义务。

一、西方国家判决书说理的考察

西方国家对于裁判文书说理,有着深厚的历史渊源,经历了逐渐发展与统一认识的历程。"二战"后,无论大陆法系还是英美法系,在对判决书说理的认识上都取得了高度的一致,这反映出"二战"以后西方两大法系经过长期发展,在诸多方面具有趋同性。比较、考察西方国家法院判决书说理历史,借鉴西方国家判决书说理的有益经验,有利于构建符合我国国情的判决书说理制度。

---

① 苏力.判决书的背后[J].法学研究,2001(3).

（一）大陆法系国家判决书说理

1.大陆法系国家判决书说理历史

公元前126年《爱布兹法》制定后，罗马审判中出现了由执法官制作的书面训示，作用是列举诉讼主张和事实，指示审判员如果认为事实是真实的就处罚被告，反之就开释。至罗马第三时代，事实认定趋于规范，同时出现类似于撤销原判的"恢复原状"手段，执法官认为有胁迫、错误、因公共事业而失踪、战争被俘、未成年等重大理由时，可以准许"恢复原状"。此时已出现判决理由的早期萌芽。

公元5世纪，日耳曼征服罗马帝国后，注重形式主义的诉讼程序，实行神明裁判制度和神判证明方法。中世纪时期，教会法在欧洲大陆大行其道，教会法强烈依赖书面内容，不重视陈述式的内容和律师代理的诉讼方式，不注重对判决理由的阐释。在法国14世纪20年代甚至禁止详细写判决理由，以避免泄露国家和国王的机密。

16世纪，意大利随着罗马法的复兴，才开始要求判决时说明理由。但直至19世纪，欧洲大陆主要国家才普遍将写明判决理由作为法官的义务。对此，法国学者勒内·达维德作出总结："判决要说明理由的做法，在意大利从16世纪起，在德国于18世纪逐步确立起来；在这点上，在法国只是在1790年，在德国只是在1879年才作为一项普遍义务强使法官接受。"[①]

判决书必须说明理由这一原则今天是极为牢固地树立了。法国法律于1810年明确规定："不包括理由的判决无效。"《法国民事诉讼法》第四百五十五条规定："判决书必须说明当事人各自的请求和理由，以及法院判决的理由。如果判决没有理由，则判决无效。"1877年德国民事诉讼法也明确规定缺乏判决理由的判决无效。德国还将此作为一项宪法原则。1911年，第二届德国法官会议声明：法官没有作出具有充分理由的判决是可耻的。德国宪法法院在1973年的一项决议中明确规定：所有法官的司法裁判，必须建立"在理性论证的基础之上"。1994年《德国刑事诉讼法》第二百六十七条从6个方面详细规定了判决理由事项。《荷兰宪法》第一百二十一条规定，判决必须详细陈列证据和理由。《日本刑事诉讼法》第四十四条规定，判决中必须附有理由。

2.大陆法系国家判决书说理的特征

以法国、德国为代表的大陆法系起源于罗马法，具有制定法传统，制定法是主要法律渊源，一些基本法律均采取法典形式。大陆法系国家法官只能援用制

---

① 勒内·达维德.当代主要法律体系.康竹生，译.上海译文出版社，184：132.

定法审判案件,法官对成文法的解释也需受成文法本身的严格限制。判例在大陆法系国家不是正式法律渊源。因此,大陆法系国家判决书说理呈现出以下一些特点:

(1)倾向于高度概括性与整体性

大陆法系国家强调立法与司法的分立,法官不得逾越司法权限去代行立法机关的立法权,创设法律规则。同时,判例不是法官裁判必须援用的法律渊源,法官裁判时判例仅具有参考价值。法官的任务仅仅是对适用法律负责,法官的作用局限于选择可资个案适用的法律条款恰当判决。因此,法官在阐述裁判理由时,多是直接引用法条,而对法条本身的合理性并不多作论述。在法律适用方法上,大陆法系国家一般采取三段论演绎推理模式(或称涵摄模式、归入法),具体而言,法律是每一次归入的起点和终点;归入法背后的原理就是接受立法者的意图;法条的措辞是每一次归入的起点,也是限制:不能遗漏任何一个步骤。运用该方法的前提就是找到准确的法律依据,同时抽离出法律条文的每个前提条件,再将案件事实与每个前提条件及其中的语词定义进行比较,确认法条是否可以适用于本案事实,从而得出具有逻辑性、确定性的裁判结果。由于法条已经作出明确规定,将案件事实涵摄或归入法条中,法官并不需要展开说理,不需要对法律规定本身的合理性进行论证。因此,大陆法系国家判决书说理往往文字精练,表达清晰,简明扼要。法国法官在裁判说理过程中,一般是对法条作有限度的解释,其至找到一条充足理由后就不再考虑其他理由,判决书中不会出现附带性的论述,不会阐述学理、案件背景或者司法政策,判决结果具有高度概括性和结论性。德国较之法国,采取的是复杂涵摄模式,在裁判说理上明显要更加丰富详尽。德国法官富于理性、严谨的思维方式,讲求运用严谨的逻辑旁征博引,论证也较为充分,但是在对法律与司法权力的认识上,同样认为一切法律问题均可就现行法律依逻辑进行解决,认为法官严格依法判决,不得逾越法律规定,因此注重维护判决书的整体性与权威性,在说理上仍然高度概括,与英美法系国家相比,依然相对简约。此外,大陆法系国家判决书注重维护法院权威,体现法院整体意志,判决书中只有一种法院意见,不会出现法官的不同意见,并呈现出明显的整体性特征。

(2)倾向于以法律专业术语进行表达

大陆法系国家的判决书注重文书的格式化,多以专门的、权威的法律语言进行表达,用词准确严谨,很少使用通俗化的语言。以法国为例,"法国法院,尤其是最高法院想方设法使判决书的内容缜密而紧凑,附带性论述一概排除,当判决给予某一理由应予撤销,其他理由便弃之不顾。另外,那种游离于正文之外的闲文漫笔从来不能在最高法院的判决书中发现,在下级法院的判决书中也很难找到;并且也不涉及案件的背景、法律史、法律政策或比较法".① 法国判决书在说理上,权威色彩浓厚,其在解释和适用制定法上往往不是证明性的,而是结论性的。严谨、格式化的判决书说理结构使得这一法系传统下的判决书显得更加严肃、权威,甚至远离普通大众。

(3)法官缺少充分阐述裁判理由的动力

首先,大陆法系国家普遍实行成文法制度,推行立法与司法严格分立的政治制度,立法权由立法机关行使,司法权由法院行使,法官只拥有依照法律规定公正裁判案件的司法职责。法官裁判案件,只能通过宣示法律解决纠纷的角度来展开,而不能创制法律规则。其次,出于崇尚"整体上的威严色彩",维护法院整体性意志的要求,判决书公开的是审判庭的意见,法官不得在判决书中出现不同意见,同时判决书也不由撰写判决书的法官个人署名。在一个合议庭中,法官可能并不赞同多数人意见,但仍要撰写判决书,无法产生对法官说理的激励。再次,"二战"之后,大陆法系国家对判例制度虽然已有所重视,但是远不及英美法系国家对判例法的重视程度,判例仍然是非正式法律渊源,法官无法通过撰写判决理由使判决书成为司法实践中可以适用的判例,以期对未来之司法产生影响,同时也因此使法官失去了通过判例而名扬天下的机会。最后,大陆法系国家法官虽然拥有自由裁量权,但是法官的自由裁量权受到法律体系、法律原则、法律解释技术等的多重制约,在运用自由裁量权的弹性和范围方面不如英美法系国家法官那么"自由",也由此导致法官不愿意详尽说理。出于以上诸多理由,大陆法系国家的法官没有很大的动力将自己的观点细致表达出来,因为既不能获得额外的物质利益,也无法获得额外的精神上的收益。

总体上看,大陆法系国家裁判说理具有准确、简明、清晰、概括性强等优点,但是由于判决说理过于概括性,受到了较大范围的批评,特别是针对法国裁判文书说理,一是上文所述的一连串"鉴于……",导致判决书形式僵硬。二是法国法官的判决书写作风格常常掩盖案件的复杂性和争议性,"没有充分说明所提出的判决依据的意义范围,以及导致其采用这一判决依据的动因".② 对此埃尔曼曾分析其原因:"简洁性和形式主义的风格意在隐藏一种恐惧,即害怕过于详尽可能有碍于审慎周到和严守秘密。"三是缺乏对话与论证,"初审法官的判决书一般包括对判决背后事实和法律推理最完整的陈述,而在案件被上诉至上级法院后的审理过程中,判决书的书写变得越来越隐晦,最高法院的意见一般与最后的命令相差无几,其中不包括任何的正式解释或者关于于判决正当性的陈述。他们

---

① 茨威格特,克茨.比较法总论[M].潘汉典,译.贵州人民出版社,1992:228.
② 埃尔曼.比较法律文化.贺卫方,译.三联书店,1990:230.

书写判决书的方法就仿佛以相关的法律规定就可以直接并合乎逻辑地得出最终的判决结论,以至于任何解释都是不必要的。"①

(二)英美法系国家判决书说理

1.英美法系国家判决书说理的历史

英美法系国家与大陆法系国家裁判说理的历史发展不同,它们重视判决书说理是历来就有的传统。早在 11 世纪,威廉一世征服英国以后,建立了中央集权的政权,皇家法院担当着"国王良心的守护人"角色,承担起了健全和统一法制的重任。皇家法院的巡回法官定期到各巡回区巡回审判,并在此基础上创建了衡平法,运用法律原则平衡社会利益,并需要比援引制定法更充分地说明理由。

1537 年至 1865 年,英国私人汇编和出版的记名判例集,普遍重视判决及其理由,并增加判例的印证,确立了援引先例的惯例。1854 年《国会法令》对判例的应用作用进行原则性规定后,最终形成了"遵循先例"原则。由于要分析考虑以往的判例而必须论理详细具体,判决书往往篇幅浩大,论理缜密,法官的不同意见也要求写入判决书,使判决书论理更加全面。英国法官被认为同四种人对话,即律师、其他法官、死人(即判例法)与尚未出生的人(即将来产生的后果),因此深入分析理由是其法律传统。英国弗兰克林委员会在 1957 年调查报告中指出,几乎所有的法律文件签署人都希望相关决定能附有理由,公平竞争的基本要求是当事人在最后能够获知判决是如何产生的。英国强调其裁决必须包括:(1)直接的或推断性的关于重要事实的决定;(2)对事实所披露的法律问题,说理应适用的法律规则;(3)根据以上两点结合起来的效力作出的判决。

美国从 17 世纪开始,继承了普通法,建立了普通法的判例理论,同样实行遵循先例原则。美国法院的判决非常强调法官对案情的努力思考和清晰的文字描述。对于裁判说理,美国学者庞德深刻地指出:"为了保证决定的合理性,必须要求在认定事实的陈述和适用法律的主张之中系统阐明其理由,舍此没有更有效的方法。"②美国的《法官写作手册》中写道:"书面文字连接法院和公众。除了很少的例外情况,法院是通过司法判决同当事人、律师、其他法院和整个社会联系和沟通的。不管法院的法令和宪法的地位如何,最终的书面文字是法院权威的源泉和衡量标准。因此,判决正确还是不够的,它还必须是公正的、合理的、容易让人理解的。司法判决的任务是向整个社会解释,说明该判决是根据原则作出的好的判决,并说服整个社会,使公众满意。"

---

① 夏尔罗.法院:比较法上和政治学上的分析.张生,译.中国政法大学出版社,2005:201.

② 季卫东.法律程序的意义.中国法制出版社,2006:96.

2.英美法系国家判决书说理的特征

以英国、美国为代表的英美法系国家的判决书说理,呈现出与大陆法系国家的明显差别。英美法系国家实行判例法制度,要"遵从先例"。虽然近几十年来英美法系国家也制定了成文法,但法官裁判主要还是运用判例法。法官需运用判例法区别技术,将手上的案件与以往的判例进行比较,以决定能否适用既有判例,而在既有判例不能适用于当前案件时,法官又可以创造判例,以成为今后相同或类似案件所需援引的"先例"。也即是说,英美法系的法律发展很大程度上归功于"法官造法"。由于英美法系国家法官有"造法"权力,判决书说理也更加充分详尽,富有个性色彩。

（1）注重发扬判例法传统

在判例法国家,有约束力的判例不是判决本身,而是判决理由。判决理由是从案件事实中提炼出来的法律原则或规则,或者说是对具体事实产生的法律问题应如何决定的法律解释和声明。由于"遵从先例"原则,法官裁判案件受到既有先例判决理由的约束,采用从案件到案件的"类推"思维模式。对此,朱苏力教授深刻指出:"最主要的制度因素在于英美法系国家采取的遵循先例的原则,按照这一制度原则,上级法院的判例、本院先前的判例对下级法院和本院后来的类似案件具有约束力,同级的其他法院的判例乃至下级法院的判决也具有参考意义。正是由于这一制度,英美法官在写作司法意见时,往往会注意到判决作为法律对未来一系列案件的可能影响。"[①]英美法系国家法官撰写司法意见时,必须陈述事实、问题争点、解决方案、支持理由以及相关程序性指令。由于要考虑"判决作为法律对未来一系列案件的可能影响",因此法官撰写判决书时往往特别重视阐述理由,充分阐述各方观点与各种裁判理由,并从中选择拥有更充分的裁判理由的观点作出判决。

（2）具有强烈的对话性、论证性、开放性

法官在撰写判决书时会考虑预期受众问题,法官不仅要与当事人对话,同时还在与社会公众对话,特别是法律职业共同体内其他法官、律师、法学教授对话,法官必须考虑这些人的可能反应。因此。判决书中会阐述各方当事人的不同意见及理由,同时还列明可资裁判选择的裁判理由,不仅篇幅宏大,而且说理层次十分丰富详尽。

英美法系国家判决书由于注重理或以理服人,一般会进行广泛而充分的论证。如果既有先例可以适用当前案件,法官需要说明可资适用的理由,而如果通过区别技术发现以往既有先例均不能适用于当前案件,需要"法官造法"时,法官

---

①　苏力:判决书的背后[J].法学研究,2001(3).

会怀着一种"造法"的使命感,对判决理由给予更加充分的论证。"判决意见的篇幅一般相当长,通常会对案件事实作非常详细的记述。推理过程也非常严谨,以力求能在一般性法规和实质问题的解决方案之间,一步步地设计出衔接性的论证理由。"法官在"造法"时,会反复斟酌案件的本质与合理性,具有复杂的论点结构,大量运用事例、判例、著名学者和其他法官的判决意见来说明法官对案件的认识过程和判决结论的合法性。

英美法系国家判决书的开放性体现在两个方面:其一,是裁判理由的开放性。受民主意识的影响,判决书一般会尽可能地列出各种因裁判进路不同所形成的理由,并从中选择法官认为最好的、最有益于案件裁判的理由。"法院并不力图将最终选定的结论作为接受前提的必然结果,只不过认为它比其他选择拥有更充分的理由而已。"这种裁判理由方面的开放性,与大陆法系国家注重法院整体意志明显不同。其二,是判决书中公开法官的不同意见。英美法系国家裁判文书系个人署名,因此,在裁判文书中可公开展示不同意见,少数派法官可撰写异议意见,并同时出现在判决书中。这在美国联邦最高法院的判决中很常见。美国联邦最高法院由9名大法官组成,讨论案件最重要的制度是5票制,只要有5票即可以多数意见为裁判结果,其他持不同意见者则可在判决书中发表自己的不同意见。

(3)具有说理动力

英美法系国家由于判例法制度允许"法官造法",同时实行判决书撰写者个人署名制度,对法官裁判说理产生极大的激励。特别是对于既有先例不能适用于当前案件,需要"法官造法"时,法官出于"判决作为法律对未来一系列案件的可能影响",特别是美国联邦最高法院判决对美国政治、经济、社会的巨大而深远的影响,往往会高度重视,充满激情地制作判决书,观点鲜明、旁征博引,既蕴含深刻法理,又兼容极高艺术性与个性色彩,以使自己制作的判决成为优秀的判例,成为法律。这是一种职业激励。同时,法官撰写优秀的判例,还有一种声望的激励。英美法系国家法官更多地具有实用主义倾向,法官不会放弃使自己扬名天下甚至流芳千古的机遇。也正因为于此,英美法系国家法官更为世界知名,如大名鼎鼎的丹宁勋爵、卡多佐、霍姆斯、汉德、奥康纳、波斯纳等,而大陆法系国家的法官往往籍籍无名、默默耕耘。

(4)注重文学修辞倾向

美国联邦最高法院对于判决书要求:清晰明白,能够为公众理解,有说服力、雄辩的以及尽量不在大法官之间留下嫌隙。法官为了证明自己观点的合理性,以说服当事人、公众与法律人,颇为注重文字修辞,广泛引用各学科知识以及相关调查数据。而在语言使用上美国联邦最高法院有很强的个性化倾向,有的更大众化和口语化,文书风格相较于大陆法系国家的判决书更加生动活泼,易于让社会公众接受;有的文辞优美典雅,有很高的文学艺术性;有的过度注重理论阐述,令人阅读艰辛,体现个性化差异。

以美国为代表的英美法系判决书说理,虽有说理充分、论证全面的优点,但也招致诸多批评。一是判决书写作和说理中的管理者模式和形式主义。波斯纳批评道,法官日益将自己定位于管理者,司法意见书由法官助理起草,法官只负责编辑,又推动司法意见的形式主义,在法律文件中封闭地寻找正确答案,沉溺于挑剔细枝末节。二是判决书说理的形式。公开不同意见,过分突出个人意见而非机构意见,在某种程度上损害了裁判权威的明确性。学者批评美国联邦最高法院更像是一个立法机构,仅靠记录断案投票数来运作,而不是一个朝着集体判决与意见而努力的同事间的合作组织。三是判决书语言的个性化,会导致法官自我表演倾向。四是判决书篇幅普遍过长,内容比较散漫而不集中,甚至有烦琐臃肿之弊。同时判决书中采用的文学修辞性叙述方式以及过分学理化的倾向也受到批评。

二、我国古代判词说理的考察

在我国数千年的司法活动中,司法官员以其正直的德性、高超的智慧、公允的裁判以及优美的文采,为我们留下了大量的优秀判词。[①] 古代判词如今之生效的法律文书,具有强制力。但古代司法官不是简单地作出判决,而是在判词中非常注重说理。古代判词注重说理的风格以及丰富的说理技巧,很值得今之法官传承借鉴。

(一)中国古代判词说理的发展历程

根据学者共识,古代判词的发展经历了初创、成型、发展、成熟四个阶段。在判词的不同历史发展阶段,说理始终是判词的核心内容,并日渐成熟完善。

第一阶段是初创时期,为先秦时期。学界普遍认为,西周晚期的《亻朕匜》铭文是最早最完整的判词,判词共 157 字,记载了当时法官伯扬父处理一起争夺奴隶案件的诉讼经过。该判词有犯罪事实的叙述、定罪量刑的裁决,还有判决理由的分析,内容完备,格式齐全,而且判词在从轻判罪后,还指出如不执行判决,就

---

① 古代判词,从功能上可分为实判与拟判,实判为司法活动中的判决书,拟判为科举考试中模拟实判之作。从文体特征上可分为骈判与散判,骈判为用骈体形式所作判决,散判为用散文形式所作判决。实判多为散判,长于叙事说理,具有实用性。从判词风格上可分为案例、花判与双关判,案例为以真实案件为内容而作的判词;花判为以生活琐事为内容的判词;双关判为采用两事一判形式的判词,在一则判词中,对两个案件同时作出判决。花判与双关判,是判词文学化的标志之一。

再给以原来严厉的惩罚。春秋时期,保存下来的判词有两篇,一篇在《国语》,一篇在《左传》。《左传》上记载一则叔向判词:

> 三人同罪,施生戮死可也。雍子自知其罪而赂以买直,鲋也鬻狱,邢侯专杀,其罪一也。己恶而掠美为昏,贪以败官为墨,杀人不忌为贼。《夏书》曰:"昏、墨、贼、杀",皋陶之刑也,请从之。

该判词虽极简洁,但说理要素齐全,有事实,有依据,有论证,有处刑建议,简明扼要,一气呵成,是一篇高水平判词。在初创时期,判词一般夹叙夹议,理由高度概括,同时也反映出先秦时期官员已依律令断罪。

第二阶段是成型阶段,为秦汉时期。该时期因秦代统一了文字,汉代对隶书进行了改革和定型,同时汉代语言文字成就卓著,建立了中国古代语言科学,极大地促进了判词的发展,判词由之前的语判发展为书判,判词成为一种独立的文体。该阶段判词的主要特色是《春秋决狱》,依据儒家经义断案。《春秋决狱》始于董仲舒。董仲舒所记判词有固定的"四段"格式:案情(虚构的案情)+法律分析(对案情进行法律分析)+结果(作出断案的结果)+理由(判案的法律依据和法理依据)。兹列一则判词:

> 甲父乙与丙争言相斗,丙以配刀刺乙,甲即以杖击丙,误伤乙,甲当何论?或曰殴父也,当枭首。论曰,臣愚以父子至亲也,闻其斗,莫不有怵怅之心,挟杖而就之,非所以欲诟父也。《春秋》之义……君子原心,赦而不诛。甲非律所谓殴父,不当坐。

以上判词前部分介绍案情,后部分则引用《春秋》经义分析案情进而得出结论,判词虽简约短小,但说理充分,论证合理,逻辑严密,是判词成型时期的代表作。

第三阶段是发展时期,为唐宋时期。在唐宋时期,由于中国古代法律体系、立法原则与思想及各项法律制度均已确立和完备,判词取得重大发展。唐代有"以判取士"制度,"以判为贵",将判词作为选拔官员的考试内容,以"文理优长"作为判词的评判标准。唐时规定,官吏制作判词"皆须具引律、令、格、式正文;违者,笞三十"。由于朝廷重视判词,判词得到显著发展。现存判词上千篇,同时出现了张鷟《龙筋凤髓判》、白居易《甲乙判》等书判汇编作品。兹录白居易《甲乙判》判词一则:

> [原题]得甲将死,命其子以嬖妾为殉,其子嫁之。或非其违父之命。子云:不敢陷父于恶。

> [原判]观行慰心,则禀父命;辩惑执礼,宜全子道。甲立身失正,没齿归乱。命子以邪,生不戒之在色;爱妾为殉,死而有害于人。违则弃言,顺为陷恶。三年子道,虽奉先而无改;一言以失,难致亲于不义。

诚宜嫁是,岂可顺非? 况孝在于慎终,有同魏颗理命;事殊改正,未伤庄子难能。宜忘在耳之言,庶见因心之孝。

由于唐代将"试判"作为士人学子进身仕途之器,现流传下来的判词均非实判,且均系骈判。其言语四六对句,注重神韵,讲究辞藻,爱用典故,通过引经据典加强判词说理。如上则判词,原判部分即是说理部分,判词中引"魏颗理命""庄子难能"两则典故作为判词理由。

宋代商品经济发达,司法程序更加成熟,司法机构更加完善。宋代废除了"书判拔萃"制度,判词特点产生明显变化,由拟判转变为实判,骈判转变为散判,判词的实用性占据主要位置。宋代书判汇编作品有《名公书判清明集),收录朱熹、真德秀、胡石璧、吴潜等地方官员判词117篇。宋代理学大家朱熹提出了"存天理,灭人欲"的理学观念,注重维护传统纲常伦理秩序,成为当时的官方主流思想。判词充分反映出对礼教秩序的维护与仁义道德的教化。判词说理上注重礼法结合,明之于理,同时判词朴实易懂,体现出判词的实用性。

第四阶段是成熟阶段,为明清时期。随着中国封建制度和法律体系趋于完善,清朝判词发展至巅峰阶段。一方面,制判理论更加成熟,提出"简当为贵","简"为文理清楚,文字简约;"当"为以律为据,判决公允。如清律规定:"诸断罪皆须具引律例,违者答三十。"另一方面,在判词形式上,则骈散结合,灵活运用。在该阶段,判词汇编作品丰富,著名的有明代李清的《折狱新语》,清代有《陆稼书判牍》《于成龙判牍菁华》《张船山判牍》《樊山批判》等。

2. 我国古代判词说理的特点

(1)高度重视说理

说理贯穿于判词发展的全过程。由先秦时期判词中的夹叙夹议说理,到清朝判词中专门段落说理,判词说理经历了四个演变过程:制判理论和经验随着时间推移,趋向丰富、完善;说理材料由单一性发展为多样性;说理的结构由随意性发展到程式性;说理的逻辑性逐渐增强。[①]在判词结构上,遵照"事—理—断"的推理结构,说理逐渐成为一个独立的段落。在判决理由部分,司法官立场鲜明,观点明确,没有模棱两可、含糊不清的问题。说理标准注重"情贵推原,理当依据、法宜按定",即综合考虑案件的各种具体因素。判词注重理由的针对性,有根据地分析、评断双方的意见和立场,对正确的给予采纳,对错误的予以批驳。我国古代判词重视说理的逻辑性,由唐宋时期重类比推理发展到明清时期演绎推理、类比推理综合应用,"保持理由与查证事实的一致,保持理由中说理、分析与法律适用的一致,保持理由与裁判结果的一致,前后呼应,才能达到无懈可击的

---

① 唐文.法官判案如何讲理.人民法院出版社,2000:83.

效果"。① 判词的完善与发展,与古代司法官的作用密不可分。古代司法官不仅熟读经义律法,同时还有丰富的历史知识与深厚的文学修养,至为重要的是古代司法官高度重视说理,其一丝不苟的态度值得当今法官学习借鉴。

(2)法、理、情相互为用

在说理方法上,古代司法官从维护礼法秩序的目的出发,将国法、天理、人情结合起来进行说理,是古代判词的突出特点。古代判词深受正统儒家德主刑辅、明刑弼教思想影响,强调先礼后法、以礼统刑,强调和谐、无讼的秩序观,以维护国统人伦。具体到说理上,就是要"情法两尽","依傍法意,斟酌人情,平心理断","法、理、情三者各序其位而致中和"。如上文介绍的判词,都将法、理、情紧密结合,并作出最有利于纠纷解决的裁判结果。这说明古时司法官已充分认识到法律与道德、情理之间相辅相成的关系,更多运用礼义伦常中的伦理道德、习俗、惯例等情理规则来判定案件。通过明法度、析事理、述人情,平衡礼法与社会情事之间的差异,同时辅以道德说教,不违律令而又合乎情理,使判词说理更加透辟圆熟,更具有说服力,也更能得到当事人与社会的认同。

(3)因案而异说理

古代司法官在判词说理时,更注重从纠纷解决角度考虑,而不完全从符合当时法律规定所要求的角度去考虑,这从对待律例的态度上可以看出。中国古代判词在律例实施中的作用,大体上可分为四种:一是严格使用律例;二是变通适用律例;三是补充律例规定;四是以礼代律。从流传下来的古代判词看,以礼代律并不鲜见。清时名吏陆稼书审理兄弟争产案,不言财产如何分配,但令兄弟相呼,"此唤弟弟,彼唤哥哥","未及五十声,已各泪下沾襟,自愿息讼"。这种裁判方法在当今是难以想象的。这也是说,有针对性地运用不同方法选取不同的技判策略,来实现案结事了的目的。

(4)注重道德教化

清人总结审断原则时,指出"审毕宜加劝谕也"。古代司法官通过利用书写判词的方式,惩恶扬善,教化民众长幼有序、兄友弟恭、邻里和睦,从而实现天下大同、天下无讼。判词中的教化分为两个方面:一方面,是对当事人的教化,如胡石璧在邻妇因争妄诉中,对胜诉方进行教化,"尹必用(系胜诉当事人名)今后亦当安分守己,亲善邻居,不许因此得胜,妄生事端。如再惹词,定当惩治";另一方面,是对民众的教化,如于成龙判词所云,"即今日来县听审者,亦各以此为戒,勿凭血气之勇,至贻噬脐之悔。人人怕死,物物贪生,尔等虽不读书明理,当亦不忍使一家一族,轻葬身于一言一语之间也"。

---

① 汪世荣.中国古代判词研究[J].法律科学(西北政法大学学报),1995(3).

（5）讲究判词文采

古代判词善于引经据典，用词精当凝练，讲究"言愈简而意愈明，字愈少而旨愈博"，文采与明清并重，往往"下笔如铸"，是突出特点。如上文叔向判词，简单数十字，即将事实、理由、处刑意见交代得清清楚楚。唐代"以判取士"，讲求"文理优长"，骈判盛行，流传下大量文字优美、文采飞扬的判词。中国古代司法官如何撰写判词，在骈判还是散判形式上并无统一规定，司法官往往在判词中添加个性色彩，展现自身的文学造诣。如清代袁枚对一起离婚案的判词："渔郎问渡，清泾与浊渭同流；神女为云，鸟道与羊肠莫辨。莫我疆于南亩，何丛界判鸿沟；启密钥于龙门，势且凿残混沌。虑乏邓攸之后嗣，遽效翁子之当年。琴瑟伊始，胡为优俪情乖，岁月几何，安见熊黑梦查。"单就判词的文采看，当今的判决书是无法与古代判词比拟的。

第二节　判决书说理的概念

依据霍夫兰的劝服论，判决书说理可以概括为法官通过判决书这种书面形式向当事人、社会公众和法院论证判决结论的正当性。

一、判决书说理的借鉴

在第二次世界大战期间，美国军队空前广泛地利用电影、广播及其他大众传媒，以训练和鼓动美国士兵。为此，美国陆军部情报和教育研究所成立了特别实验小组，以研究大众传媒和美国士兵的关系，该实验机构由著名社会心理学家霍夫兰（C·Hovland）领导，他们提出了一种以信息交流为基础的态度改变模型——说服模型，其实也是说理的模型，如下图所示。

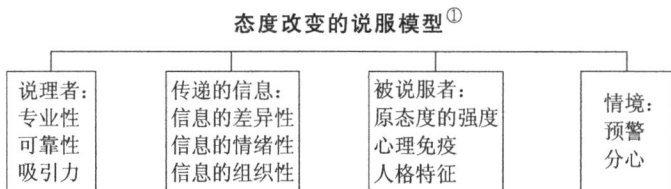

态度改变的说服模型[①]

说理者： 专业性 可靠性 吸引力	传递的信息： 信息的差异性 信息的情绪性 信息的组织性	被说服者： 原态度的强度 心理免疫 人格特征	情境： 预警 分心

霍夫兰认为在说理过程中，"说服者、信息传递方式（即说理的方式——笔者注）、被说服者、情境"都是至关重要的。我们不仅要关注什么人说的，还要关注他说了什么以及他是如何说的。法院所说的以及它怎么说的同判决书的结果一

---

①　申荷永.社会心理学原理与应用.暨南大学出版社,1999:111-112.

样重要。①

传播者方面,专业性、可靠性和吸引力有着重要意义。如果传播者在受众的心目中是有关问题的专家,那么,在特定问题上,这位传播者就会比不具有专门知识的人更容易取得较好的传播效果。传播者愈是让人觉得可信,人们也就愈容易按照他的信息意向发生变化。传播者容貌漂亮、风度翩翩,对受众具有悦目性,那么他(她)本人及其所传信息则易为受众所接受和喜爱。

信息内容方面,信息的差异性和情绪性至关重要。不同的信息有着不同的说服效果。如果运用恰当,令人恐惧的内容往往冲击人们的感情与认知,从而改变他们的态度和观点。然而,过分恐惧的内容常常适得其反,会干扰人们继续参与传播活动。

信息内容结构方面,关于正反理由的运用,霍夫兰等人的实验表明:①如果受者原先就赞同传者的观点,只讲正面理由可以坚定其预存态度;②如果受者原先或当时就反对传者的主张,那么正反两面理由都讲比只讲一面理由有效;③讲正反两方面理由对于教育程度较高者更有效;④讲一面理由对教育程度低的人更有效;⑤如果受者教育程度低,并且原先就赞成传者的立场,则一定要用一面理由。因为正反两面理由可能会导致其态度犹豫不决。关于问题的排列,霍夫兰等人认为最普遍的情况可能是:①首先提出的论点有利于引起受者的注意;②最后提出的论点有利于被受者记住;③如果传播内容使受者赞同的或可能接受的,那么首先提出来比较有利;④如果正反两种观点都由一人提出,那么先提出的观点影响较小,后出现的观点影响较大;⑤如果传播内容是为了唤起和满足受者的需求的话,那么较好的办法是首先唤起需求,然后再提出问题;⑥如果该问题受者不熟悉,则宜先提出问题的要点。

受众方面,人格方面的因素对劝服效果意义重大。霍夫兰等人根据多次实验得出如下结论:①进攻性强的人不为一般劝说所影响;②对集体事情不关心和不合群的人一般不易受到劝服的影响;③想象力丰富和对周围事情比较敏感的人较容易被人劝服;④想象力贫乏、对新鲜信息反应迟钝的人,则比较难以说服;⑤自我评价低的人比自我评价高的人,较容易听从他人的劝说;⑥性格外向的人比性格内向的人较易被人劝服。⑦积极参与传播过程的受众比消极被动的受众更能够改变观点和态度。

二、判决书说理的内涵

所谓说理,就是以一定的方式,摆事实,讲道理,论证自己的正确性,说服他

---

① 解兴权.通向正义之路——法律推理的方法论研究.中国政法大学出版社,2000:273.

人。首先，"理"是说理之根本。"理"有多种含义，指道理、逻辑、情理或规律①，说理的"理"应该指道理、理由，作为论证的需要，而且应该是具有逻辑性的理由。但不同的职业者，不同的民族者，不同的宗教信仰者，都有着不同的道理。其次，便是"说"，说理的形式与说理的内容同样重要，口头的还是书面的，公开透明的还是神秘的，更重要的是讲究一定的技巧，即如何说才能使道理更容易让人接受。例如，先表明自己有利的观点还是后表明，单方面的说理还是与听众理性地商谈，不同的说理方式影响说理内容。再次，谁在说理，不同的人讲述不同的道理，而且"理"的力量并不相同。一般来说，地位高的人比卑微的人说理更有权威，长者比幼者说理更有分量，专业人士比普通人更有说服力。又次，听众是谁，即说理者想通过论证影响谁。听众在说理过程中起着重要的作用，因为对一个不讲道理的人，你也不可能跟他讲出道理，而且不同的听众，由于文化水平和性格年龄等方面的差异，对说理的方式要求不同，说服他们的成本就有差异。为了达到说服的目的，讲话者必须尽量使自己的言说适应听众的需要。最后是一定的事由，它是联系其他要素的纽带，没有它，说者不必说，听众不愿听，理没有依托，说就没有针对性。

说理，总是特定的说理者以一定的方式讲述一定的道理，试图影响一定的听众。判决书说理是指法官通过判决书这种书面形式向当事人、社会公众和法院论证判决结论合法性和合理性的过程。由不同的要素，包括特定的说理主体即法官、听众即当事人等、说理事由即当事人的诉求、方式以及"理"即法律，组成一个全面的综合的结构体系。但判决书说理不同于其他论证说理，因为它要受到更多的法律和程序的限制，因此判决书说理具有如下特定的含义。

判决书说理过程实际上就是一个劝服过程。法官在精心选择材料、组织材料，利用判决书这种书面形式，向人们论证判决结论的正当性，试图说服人们。在这个过程中，法官是信息的传播者，当事人、社会公众和法院是受众，事实性材料和规范性材料是信息的内容，判决书说理方式是信息内容的结构。判决书说理效果如何，同样取决于四大要素，即说理主体、主要受众、说理内容以及说理方式，而且每个要素的特质对判决书说理有着不同程度的影响。但判决书说理不同于一般的劝服过程，它要受到法律和程序更多的限制。说理者首先必须中立，只能采用书面形式说理，受众中的当事人利益尖锐对立，判决书说理要素具有特定的含义。

---

① 严存生.法的价值问题研究.中国政法大学出版社,2002:717-718.

三、判决书说理与法律推理

法律推理是指运用科学的方法和规则,将抽象的法律规范适于为证据所能证明的具体争议事实,从中推导出解决争议的意见或结论,并论证其具有正当性和合理性的逻辑思维过程。法律推理可分为两大类:另一类是运用形式逻辑的方法进行的法律推理,称为分析推理或形式推理;一类是依价值平衡的方法进行的法律推理,称为辩证推理或实质推理。分析推理又包括三种方式:演绎推理,是指从一般概括的法律规定到个别的具体事件的推理。最典型的就是从大前提、小前提到结论的三段论推理;归纳推理,是指从特殊情形中推导出一般规则或原则的推理;类比推理,是指将一条法律规则扩大适用于并不为该规则的词语所涉及、但却被认为属于构成该规则之基础的政策原则范围之内的事实的推理。在法律规则内容相对确定,法律体系完整统一的情形之下,主要运用形式推理。辩证推理主要由法官在解决争议时采用,它适用于三种情形:法律未曾规定的简洁的判决原则的新情形;问题的解决可以适用两个或两个以上相互抵触的前提但却必须在它们之间作出选择的情形;尽管存在着可以调整所受理案件规则或先例,但是法院在行使其被授予的权力时考虑到该规则或先例在此争议事实背景下缺乏充分根据而拒绝适用它的情形。①

法律推理是对论证说理的专业性表述,法律推理存在于法的整个实施过程,在立法、执法、司法和法律服务中均需要运用法律推理。法律推理几乎涵盖了法律运作过程的各个环节。判决书说理只存在司法过程,强调要用书面的语言将法律推理过程具体地再现出来,但不限于法律推理的内容,其内涵和外延都要比法律推理丰富得多。

第三节　判决书说理的要素

判决书说理由不同的要素组成,特定的说理主体、不同的受众、说理材料以及说理方式,每一个要素对判决书说理都具有不可或缺的意义。判决书说理应该体现这些要素,选择诚实可信的权威的法官来撰写判决书,并且突出他的主体地位,满足受众的需要。判决书说理体现这些要素如何,将会影响判决书的说服效果。研究这些要素,可以得到若干启示,而这些启示对如何增强判决书的说理性是有益处的。

① 博登海默.法理学,法律学与法律方法.邓正来,译.中国政法大学出版社,1999:498.

一、说理主体

判决书说理主体是参加法庭审判、制作判决书论证判决结论的法官。判决书说理主体首先是人,而不是合议庭、审判委员会或法院。因为主体之所以成为主体有两个条件:"第一,主体不能与客体区分的时候,主体决不能独立出现;第二,主体不固有主观性,便不成其为主体。人要作为主体而同客体相区分开来,必须具有自我意识。"①合议庭、审判委员会或法院只是一个组织、一个机构,不具备推理、说理的思维能力,说理最终通过人来完成。其次,判决书说理主体必须具备职务性,是法官,而不是陪审员和书记员,撰写判决书是国家赋予法院法官的权力,这种权力不能放弃亦不能代替,不具备法官资格的人即使具备较多的法律知识,并不是判决书的说理主体。再次,判决书说理主体必须是参加庭审的法官。如果我们承认庭审至关重要而不是走走形式,判决结论是在庭审中而不是调查中形成,那么,即使是法官,若没有参加庭审实践,也不是判决书的说理主体,因为没有庭审所带来的内心确信就无法论证判决。最后,判决书说理主体还必须是制作判决书论证判决结论的法官。参加庭审的法官不一定就是判决书说理主体,他们是判决的说理主体,因为凡参加庭审的法官都有义务对案件进行分析、推理和论证,他们只是判决书可能的说理主体,要成为现实的说理主体,还需要参加判决书制作过程。显然,判决书说理主体可能不止一人,撰写不同意见的法官、共同制作判决书的法官都是判决书的说理主体,都参与了判决书的制作过程。

判决书说理主体的作用是显而易见的,它决定说理材料的选用和说理方式的选择。法官们素质的高低与判决书的说理性息息相关,说理主体的素质越高,越容易制作说理性更强的判决书。说理主体的专业性越强,越能根据案件的情况,制作符合受众需求的判决书。在特定问题上,法官们就会比不具有专门知识的人更容易取得较好的说服效果。

二、说理受众

判决书说理是法官有目的的活动,总是试图影响人,这些人便是判决书说理的受众,受众是判决书的评价者和监督者,反过来又影响判决书的说理。判决书说理的受众是多样的,当事人是首当其冲的受众,他们阅读判决书总要受到不同程度的影响。社会公众和法院担负法律监督的重任,不得不关注判决书的说理,也是不可或缺的受众。判决书说理的受众还有主次之分,由于英美国家的法律

---

① 舒伟光.科学认识论的总体规划.吉林人民出版社,1993:178.

制度是围绕着上诉审司法展开的,遵循先例的传统使得他们更加注重上级法院的意见,而非当事人和社会公众的意见。所以,英美国家法官的判决的预期受众,至少对于上诉审法院来说,主要不是案件的当事人以及关心此案的公众,而是法律共同体中的其他法官以及实务者和学者;大陆法系国家情况则恰恰相反,由于它们并不实行先例制度,法官没有造法功能,不像英美法系国家的法官一样关注特殊的事实构成,也不像英美法官一样注重上级法院的意见,而是更看重判决的公众(包括当事人)反应。

受众在判决书说理过程起着重要的作用,是判决书说理方式重要的影响者。法官在撰写判决书时,首先必须考虑它的主要受众是谁,如果预期的受众主要不是案件的当事人以及关心此案的一般公众,而是法律共同体,判决书必然带有很强的专业性、逻辑性和学术性。如果判决的预期受众往往包含了与案件并无切身利害关系的社会公众,而他们并不关注判决中法理与逻辑的自洽,由于法律知识的欠缺他们也不能关注,相反他们关心的只是判决是否与他们公认的道德标准相一致,并以此来判断判决的“合法”与否,那么,诉诸情感的判决书往往就成为必须。其次,法官还要考虑受众水平怎么样,“在美国法官心目中,他所面对的大众绝对不希望看到一份平庸的、人云亦云的判决,因此法官必须在制作判决书的过程中展示自己的特殊才华。在我国,法官认为,他或她所面对的当事人或一般意义的公众都是外行,他们对法律不了解或了解不多。因此判决书不能也不需要很强的专业化色彩,只要人们能懂就行。”[①]再次,还要考虑可能的反应,如果案件重大,群众反应激烈,法官在判决书说理时很难不受群情的影响。最后,法官还要考虑当事人原态度的强度和人格特征,如果当事人原态度并不坚决而且为人容易妥协,法官撰写判决书的努力就会大打折扣。从这个意义上讲,正是受众和法官一道决定了判决书说理的方式。

三、说理材料

法官用什么论证判决的正当性,这里涉及说理材料,它是联系其他说理要素的纽带,没有它,判决书说理就成了空洞的说教,既没有针对性,又没有权威性。说理材料是否具有规范性、公开性、援引性,位阶性如何,以及是否多样性,对判决书说理都会存在一定程度的影响。判决书说理的材料包括事实性材料和规范性材料,“以事实为依据,以法律为准绳”是我国司法活动的一项基本原则。判决书说理中事实性材料必须是依法查证属实的事实或依法可以推定的事实。规范性材料主要是法律,不仅包括实体法,还包括程序法;不仅指国内法,还指国际

---

① 吴玉章.法治的层次.清华大学出版社,2003:171.

法;不仅指法律规则和法律原则,而且还指法律概念。"演绎推理的大、小前提是
由相应法律概念结合起来的,法律概念是法律规则和法律原则的核心和基础,法
律规则和原则是围绕法律概念而展开的",①法律概念是判决书说理的重要依
据。法律是法律人最好的理由,也是判决书最好的理由。"因为法律是普遍的、
明确的、公开的、确定的规则。其他论证形式需要的理由则往往不是一目了然
的,有时甚至是含糊不清且相互对立的。对普通人来说,又可能是晦涩难
懂的。"②

在现阶段,由于法制不健全,法定解释、国家政策都是不可或缺的理由。法
定解释是指特定的国家机关依照宪法和法律所规定的权限,对有关的法律或法
律条文所进行的解释,一般包括立法解释、司法解释和行政解释。法定解释它同
被解释的法律一样具有法律效力。但司法解释的检察解释通常不能作为判决书
说理的依据,除非是最高人民检察院与最高人民法院联合作出的解释。政策是
国家为实现一定时期的路线、方针,通过一定程序制定的行动准则,代表法的基
本精神和灵魂,往往是法律制定的依据,一切审判只有出现法律漏洞或冲突,判
决书才能适用政策说理,且政策不违背法律规定。

当判决书说理缺乏必要的明确的大前提,如法律、解释、政策,或严格适用这
些大前提会产生荒谬的结论时,情理是判决书不得不诉求的理由。情理,绝非个
人之私情,法不容情是也;情理,乃不违背法律和政策、符合公序良俗的大众之常
情,法律之源,西谚有云"法首先是情理"。情理决狱在我国有着悠久的历史传
统,"判词中还出现大段的说教、感慨,道德上的愤怒和申斥,先贤圣哲语录以及
具有道德教训的古代故事的引述,这些东西即使不是直接的判决根据,至少也是
对判决发生重大影响的一些比较间接因素。"③今天的法律虽远比古代完备,但
仍然不能满足不断变化的社会需要。当法与情之间的冲突产生时,法庭更要着
眼于社会道德、正义,更要关注此时法律的合理性。英美法系国家运用开放性法
律原则,即成文法一般不明确规定基本原则,由法官凭借其经验和智慧在先例中
发现,大陆法系国家则通过封闭性法律原则即成文法法律规则前的那几条,解决
法律漏洞和冲突。

司法机关往往还可以从习惯中抽取某些规则,据以处理某些案件,尤其是国
际商事案件。例如,《民法通则》第一百四十二条规定"中华人民共和国法律和中
华人民共和国法律缔结或者参加的国际条约没有规定的,可以适用国际惯例。"

---

① 张文显.法理学.高等教育出版社,2003:317.
② 葛洪义.法律思维与法律方法:第2辑[M].中国政法大学出版社,2003:313.
③ 梁治平.寻求自然秩序的和谐.中国政法大学出版社,1997:292.

《民法总则》和《民法典》中并没有规定国际条约和协定的地位,但从实践上看,国际条约在国内依然发挥着一定的作用。

四、说理方式

判决书说理方式,就是组织材料论证判决结论的步骤和方法。判决书说理方式有拙劣和高明之分,不仅与说理者和受众息息相关,而且与一个国家判决书结构和法院文化分不开。判决书说理方式,一般可以分为国家制度设计方式和法官文字处理方式。一般来说,前者决定后者,后者反过来会促进前者的发展。就前者而言,主要体现在判决书结构上,大陆法系国家判决书一般格式化、规范化,而英美法系国家判决书比较自由、松散。即使在大陆法系国家之间判决书结构也有差异:例如,法国法院的每一个判决,都是有一个单独的句子组成,所有判决理由都可以在这个夹着一连串从句中,每个从句都以"鉴于⋯⋯"为开端的宾语和谓语之间发现,判决书中没有专门叙述案件事实和诉讼来历的段落,除非法官认为十分有必要时才引用;而我国判决书涉及判决理由有两部分构成,"一是经审理查明(写明法院认定事实和证据),二是本院认为(判决的理由,再依据⋯⋯的规定作出判决)"。就后者而论,各国也不同,例如,法国法官追求简洁明晰、言词有力、规范严谨,而德国法官力求思维透彻、精确严谨、学术性强,美国法官讲究情法交融、温情脉脉、对话商谈。即使是同一个国家不同的法官说理也有差异,随着法院审级和法官能力不同而变化。

判决书说理方式必须是公开透明的,当事人、社会和法院通过判决书报告的司法过程了解法官认定事实、适用法律的具体情况,对审判公正性进行监督。公开是最好的防腐剂,公开也是对社会公众进行法律教育的重要途径,判决书说理公开还是法官抵制外在指责和内部专权的重要手段。因此,历朝历代判决书说理不仅对当事人公开,而且还对社会公众公开,无论说理是否充分,理由是否合法可靠。但今天与古代不同,判决书不仅应该公开表明它的说理前提(依据)和说理结果(结论),而且还应该公开它外在说理过程即审判程序和内在说理过程即法官自由心证的过程,因为只有公开的审判程序和清晰的法官思维轨迹,人们才会清楚地知道法官审判、判决的对错,才能实行更好地监督。

判决书说理方式蕴藏着一定的技巧,主要体现在:①与当事人对话商谈——突出了控辩双方的主体性,体现了诉辩审三方视角,尊重了他们的意见,缓和了他们和法官之间的紧张关系,容易产生共识。不同于法官自说自话,后者是法官单方判断、选择的行为,排斥了当事人的观点,给人生硬和武断的形象,受到越来越多的指责。②辅以道德说教——从道德上给他以说法,道德在我国往往比冷冰冰的法律理由更有说服力,因此在说理时,如能辅以道德情感来褒贬案件的是非责任,往往可以起到意想不到的效果。如果道德说法与法律说法有分歧,道德说法则是一种精神上的安慰;如果两种说法能统一,道德说法则是一种强有力的"趋同"论证,可以使论证进一步完善,使当事人易于接受判决的结果。③公布不同意见——公布不同意见展现了判决从演绎证明到对话证明,从封闭推理到开放推理,从威权主义到司法民主化的趋势,它巩固并加强了判决的合法性与正当性,赢得了更为广泛的认可与服从。同时,通过多数意见与之竞争、辩驳,增强了判决书的说理性。④权衡不同理由——法官判断的过程,往往不是将唯一的法条适用于具体案件的过程。在许多情况下,同一个案件可能有两个或多个相互矛盾的法律根据,"法律理由都有强弱之分,不同的理由便有了竞争关系,法官应该提供更充分更强有力的理由,法官必须在每个案件的具体条件下对不同的法律理由作出权衡,以获得该案的合法结论。"①判决书权衡不同理由的过程实际上是公开法官心证的过程。

　　判决书说理技巧起着重要的作用。从宏观上说,说理技巧使判决获得正当性。依据卢曼的"通过程序的正当化"这一命题,程序能使法律变得更加合法化,如上所述的判决书说理技巧正是这一程序正当化过程之中一个非常重要的方面。从微观上说,不同的说理技巧会给读者留下不同的印象,从而影响说服效果。社会心理学研究表明,传递信息形式和内容同样重要。法律与文学运动的积极分子认为,法官和律师正是凭借他们所掌握的"叙事和修辞"技巧,凭借他们的"讲故事的技巧"说服别人相信他们的主张,而这种技巧提供了一种与逻辑论证或证明无关的,但又具有说服力的说服方式。法律与文学运动积极分子的观点过于夸张,法律人主要通过讲道理来说服人,即以理服人,而不是以力服人,但讲道理过程中并不反对他们使用特定的话语技巧。

　　既然判决书说理听众主要是当事人而不是法律共同体,那么用简单明了的语言撰写判决书,全面引用法律条文并对法言法语进行解释就不可避免。但一些法律专家对说理现状极为不满,要求判决书要法言法语、引进判例法,等等。而我们知道,判例技巧对我国法官来说至少在目前是难以掌握的,依照判例法制作的判决书一般当事人是难以读懂的,注定了这些激进的改革为时尚早。这种话语以"精英人物"为中心,垄断了"小人物"的话语权,在很大的程度上没有体现普通听众的感受;而且使判决书日益陷入内部的权力运作,专业知识的累加、重复与繁殖使得判决书在理性化程度越来越高的同时也日益与普通民众的理性化程度拉开了距离。法官在判决书中运用或主张法官在判决书中运用权力的、精英的话语对于不懂法律的当事人来说是一种智识上的歧视和压制。既然法院是

---

① 史蒂文·伯顿.法律和法律推理导论.张志铭,解兴权,译.中国政法大学出版社,1998:109.

判决书说理的重要听众,就应该进一步加强判决书的制作,使之成为法院监督的对象和错案评价的依据,而不是以审理报告为标准。在我国对内负责的审理报告中,法官常常将判决的来龙去脉交代得清清楚楚,内容全面,表述详尽,极力论证判决的合理性、合法性,避免受到错案的追究,而判决书却寥寥数语,不说理或说理不透。审理报告应该成为判决书的一部分,从而加强判决书的说理性。

既然判决书说理主体是法官,是参加法庭审判、制作判决书论证判决结论的法官,那么就不能由陪审员制作判决书,而在我国陪审员制作判决书似乎不是什么蹊跷事。[①] 另外,即使建立法官助手制度,法官助手或书记员撰写判决书由法官署名成为法官的作品,是法官渎职、公开侵犯他人知识产权的表现;既然在判决书说理的过程中说理主体起着重要的作用,那么判决书就应该反映制作人的位置,从而体现制作人的地位。无论在判决书首部还是尾部,比如借鉴英美法系国家实行制作人署名形式,尊重他们的知识产权,激励他们说理。

判决书说理是公开的,包括说理前提、说理过程、说理结果公开。作为说理的前提是多样的,但我国判决书说理却仅限于法律主要是实体法规则,很少有判决书围绕政策、法定解释、程序法以及法律概念、法律原则展开论证;而且我国审判机关下发了一些实际上具有法律效力、要求下级机关在司法活动中执行的"内部规定",同时又规定这些"内部规定"不得在司法文书上援引——这不仅与法治、法律应该公开的美德截然不符,而且还面临一个重要的问题:如果是其职权内的规定,就是合法的,就应该预先向社会公开,如果是越权的规定,就是非法的,不具有约束力。判决书说理不仅应该公开说理的依据,而且还应该公开诉讼过程以及判决理由的形成过程,而我国判决书中审判程序还没有得到足够的公开,一些重要程序缺失,如合议庭成员的回避、中途更换、审判组织或审理程序的变更及其原因和根据,等等。法官思维的轨迹也没有足够清晰地反映,证据简单罗列的事实认定,法条直接引用的法律适用,这无疑加强了人们对合议庭的负面心理效应。可见,说理前提和说理内在、外在过程的公开在我国有待进一步改善。

既然判决书说理是讲究技巧的,而且说理技巧起着重要的作用,那么我们就应该研究这些技巧,尤其是对比中外判决书研究这些技巧,有哪些技巧。这些技巧的掌握当然对法官素质要求比较高,但也要求我们重新审视我国判决书结构,借鉴其他国家判决书的样式,灵活的结构模式为法官说理技巧的发挥提供有利条件。

---

① 房立,李浩姜."假判决书案赔款三万 余波难平".见《沈阳今报》,2003:08.04.

第四节　判决书说理的受众

判决书的受众是什么？如何对它进行分类？它有什么作用？研究它有什么现实意义？多年来，这些问题一直不为人们所重视，几乎从来没有进入我国学者的理论视野，人们只是笼统地讨论司法判决的论证和推理，对判决书的受众少有涉及。在强调判决书撰写的今天，受众问题很难避免，甚至将日益凸现出来。

一、判决书受众的类型

受众，顾名思义，是指接受者。判决书的受众是指判决书说理和论证的接受者，它包括如下几个方面的涵义：首先，判决书的受众是人，因为论证和推理是一种思维活动，接受论证和推理也是一种思维活动，机构、组织没有思维能力，只能通过人的活动来运行；其次，判决书的受众所接受的是判决书的说理和论证，而不是判决书或判决结果。其中，说理和论证有所不同，说理就是讲道理，强调道理，论证也是讲道理，强调讲道理的过程，要求严格的逻辑性；再次，判决书受众对说理和论证的接受是一种客观的接受（receive），而不是主观的接受（accept），即使判决书说理充分、论证严密，受众也不一定赞成判决结论；最后，判决书受众的范围极其广泛，包括当事人、普通公众、法官、律师和法学者，等等，几乎所有的人都可能成为判决书的受众。

按照地位，判决书的受众可以分为主要受众和次要受众。不同的法系主要受众和次要受众并不相同。在英美法系由于法律制度围绕着上诉审司法而展开，遵循先例的传统使法官更加注重上级法院的意见，对下级法院今后处理类似案件的影响以及对同级法院的示范意义，而非当事人和普通公众的意见，所以判决书的主要受众，至少对于上诉审法院来说，主要不是案件的当事人以及关心此案的社会公众，而是法官以及其他法律实务者。同时，由于它的法学教育也是围绕上诉审司法而展开，法官在撰写判决书时还必须考虑学界的可能评论。大陆法系情况则恰恰相反，由于不实行先例制度，法官在制作判决书时，不像英美同行们那样注重上级法院的意见和对同级法院、下级法院今后的影响，而是更看重当事人和一般社会公众的反应。例如，我国绝大多数法官，尽管并不自觉，事实上更多地把当事人以及普通民众作为自己判决书的主要受众。另外，不同的审级主要受众和次要受众也有差异。初审判决书的主要目的是让当事人知道判决内容，了解判决原因，同时也为对判决不满的当事人提供上诉的机会，它的主要受众是当事人；二审判决书具有两方面功能，通过审查初审法院的裁判是否正确来监督初审法院以及给当事人寻求更高级的救济，解决法律纠纷，它的受众主要是当事人和初审法院;终审判决书主要关注法律问题,关注此后法院判案的依据以及公众从事法律活动的规则,它的受众主要是社会公众。①

按照与判决的利害关系,判决书的受众可以分为直接受众和间接受众。当事人是唯一的直接受众,判决结果直接关系到他们的切身利益,没有谁比他们更关心判决结果。正因为如此,司法判决以当事人为直接和主要对象,需要对当事人提出的争议焦点和论点作出裁决,向败诉方表明判决是合法的,是法院对诉诸司法的公民的一种合理回答,而不单纯是一种具有国家权威的行为。按照产生时间,判决书的受众可以分为预期受众和现实受众。预期受众是法官试图通过判决书论证影响的人,它产生于判决书制作完成之前,现实受众是实际上受判决书论证影响的人,它产生于判决书制作完成之后。一般来说,预期受众是现实受众的"摹本",二者往往是一致的,判决书公布后,预期受众就会转化为现实受众。按照法律知识水平,判决书的受众可以分为普通受众和职业受众或一般受众和特殊受众,前者法律水平较低,但人数较多。现代诉讼解决社会纠纷职能的内涵包含对他们利益的维持和保护,他们很关心判决书说理论证如何。后者人数较少,法律水平较高,受过专门的法律专业训练,以律师、法官、检察官和其他的法律、法学工作者为代表。由于职业的缘故,他们对判决书的说理予以高度的关注。

从影响程度来看,判决书受众可以分为第一受众和第二受众。第一受众包括被告人、被害人、公诉机关、辩护人、附带民事诉讼的原告和被告人;第二受众包括其他法院、法律工作者、学者、媒体、普通民众。第一受众对于判决结果都有相应的救济途径,如上诉、申诉、抗诉等,所以法院的判决最重要的是获得第一受众的接受,第二受众多代表的就是民意。在实践审判中,法官并非完全剥离现实,他在判决的时候,不单单只考虑法律效果,还要考虑社会效果、政治效果。②判决书的受众还可以从其他角度进行分类,例如,按照说服过程可以分为判决书的撰写人,当事人和其他人;按照年龄分为年长的受众和年轻的受众;按照性别分为男受众和女受众;按照国籍分为本国受众和外国受众,等等。

二、判决书主要受众的作用

(一)决定判决书的说理方式

法官在撰写判决书时,首先总是自觉不自觉地选择他的预期主要受众,他的

---

① 韩红俊."法院的职能分工与民事判决书",[J]河北法学,2006(9).

② 郭蕾.论刑事判决书说理改革[D].南昌大学,2017.

论证就会受到这种选择的影响。如果预期的主要受众不是案件的当事人以及关心此案的一般公众,而是法律职业共同体,那么,判决书必然带有很强的专业性、学术性和逻辑性,只有充分的说理和严谨的论证才能够使同样具备专业知识的人士信服和接受。正因为如此,英美判决书往往字数较多,辞藻华丽,结构紧凑,每一份判决书都是一篇精美的论文。如果预期的主要受众包含与案件并无切身利害关系的一般社会公众,他们并不关注也无法关注判决中法理与逻辑的自洽,相反他们关心的只是判决是否与他们公认的道德标准相一致,并以此来判断判决的"合法"与否,那么判决书必然要求朴实简洁,通俗易懂,甚至有时诉诸情感和道德。

其次,他必须考虑主要受众的水平。任何一种论证的目标在于获得或强化受众的认同。为了达到这个目标,讲话者必须使自己的言说适应受众,适应受众的水平。说理围绕主要受众展开,实际上是围绕主要受众的水平展开。对主要受众水平的预期直接关系到判决书的说理方式。在美国法官心目中,他所面对的大众绝对不希望看到一份平庸的、人云亦云的判决,因此法官必须在制作判决书的过程中展示自己特殊的才华。我国法官认为,他或她所面对的当事人或一般意义的社会公众都是外行,他们对法律不了解或了解不多,因此判决书不能也不需要很强的专业化色彩,只要人们能懂就行。[①] 确实,即使法官能够写出精彩的判决书,也难免不落下曲高和寡的结局,复杂精细的论证在更多的时候只会使得普通民众更为糊涂,而不是更清楚。

再次,他还要考虑社会公众的可能反应——任何说理和论证都必须注意受众的具体情况。了解社会公众的需求,才能使说理和论证顺利进行并获得证立和接受。如果案情重大,公众反响强烈,判决书说理很难不被公众情感甚至情绪所左右,毕竟法源于情,法律与大众情感紧密相连。

最后,他也要考虑当事人的人格特征尤其是态度的强弱。由于判决面对的受众群体有质的不同,他们保持自己信念"顽固"程度不同,在诉讼过程中很容易暴露在法官面前,"有确定目标的说服者会选择对自己的成本最小化,实现目标之概率最大化的混合修辞方式,包括真实的信息、谎言、暗号以及情感感染。"[②] 因此,如果当事人态度并不坚决、为人容易妥协,法官撰写判决书的努力往往会大打折扣。当然,如果说服当事人接受判决的成本高不可攀,无论判决书作出多么精巧的论证,当事人都无动于衷,说理也许会走向反面。

---

① 吴玉章.法治的层次.清华大学出版社,2003.171.
② 埃尔曼.比较法律文化.贺卫方,高鸿钧,译.清华大学出版社,2002:198.

可以看出,法官在判决书说理过程中必然有一定的预期,这些预期决定着判决书的叙事说理。从表面上看,这些预期是法官选择的,从根本上看,来源于受众,是主要受众决定的,因为这是一个主观见之于客观的过程。从这个意义上说,判决书说理不是法官个人随心所欲的事,与他背后的主要受众分不开,主要受众是判决书说理过程中重要的一分子,它决定着判决书的说理方式。

(二)影响判决书的说服效果

以社会心理学家霍夫兰(C. Hovland)为代表的耶鲁研究者曾对说服效果进行研究,他们的结论是:在说服过程中,传播者、受众、信息是影响说服效果的三大要素。在受众方面,教育程度至关重要,霍夫兰等人根据多次实验得出如下结论:教育程度高的受众比教育程度低的受众在同样的信息面前获得的知识更多;信息越多越难,教育程度较高的受众更容易改变自己的意见,信息相对简单,教育程度较低者往往更容易改变自己的意见;对于受教育程度高的受众而言,两面说理比较具有说服力,而对于受教育程度较低的受众而言,一面说理似乎更有说服力。人格因素同样意义重大,一般来说,进攻性强的人不为一般劝说所影响;对集体事情不关心的人一般不易受到劝服的影响;想象力贫乏、对新鲜信息反应迟钝的人比较难以说服,想象力丰富和对周围事情比较敏感的人则较容易被人劝服;自我评价低的人比自我评价高的人较容易听从他人的劝说;性格外向的人比性格内向的人较易被人劝服;积极的受众比消极被动的受众更能够改变观点和态度。另外,受众的角色、年龄、信仰等也是影响说服效果的重要因素。[①]

判决书说理实际上也是一个劝服过程,是法官利用判决书这种书面形式竭尽所能说服受众的过程。判决书说理同样包括三大要素,传播者(法官)、受众、信息(事实材料和法律规范),受众也是影响判决书说服效果的重要因素,受众的教育程度、人格特征、社会角色、年龄大小和宗教信仰等在说理过程同样起着重要作用。受众类型不同,判决书说服效果就有很大差异。对于职业受众来说,由于接受过法律教育,法律涵养较高,在解读判决书说理方面有很大的优势,那些相对比较费解甚至是两面性的说理内容有助于他们的决策与选择,普通受众在这些说理内容面前往往无所适从,缺乏选择的能力。那些相对简单尤其是只侧重于一面性的说理内容,则容易被职业受众所批判,而普通受众则没有能力作出这样的拒绝。即使是同一类型的受众,由于他们存在性格、年龄和角色等方面的

---

① Hovland, Janis, Kelly. *Communication and Persuaion*, p333-339, Princeton University Press, 1953.

差异,面对同一份判决书说理,也会众说纷纭,往往是仁者见仁,智者见智,有人说它充分透彻,有人说它说理不够、说理不透,有人说它好,有人说它差,这在实践中是比较常见的。

三、判决书受众研究之启示

(一)简洁明了的判决书才符合一般社会公众的需要

就理想状态而言,我们当然希望判决书雅俗共赏、老少咸宜、内外兼顾,但这种理想状态在社会分工日益细致、专业技术日益强化的今天事实上已不大可能。我们必须考虑判决书的主要受众是谁,用更通俗的话说,就是判决书到底写给谁看,是当事人、普通民众还是法学界、法律界人士,其或是法学界的部分精英。在我国,判决书的主要受众是当事人和一般社会公众,而不是法律职业共同体。这意味着判决书说理并不是越长越好,越复杂详尽越经典,恰恰相反,由于一般社会公众法律水平的局限,简洁明了的判决书才符合他们的需要。"无助于案件解决,超出法律之外的论辩充其量不过是赋予判决书一种诡辩的外貌罢了。乞灵于经济学的、社会学的或者外交的种种考虑乃是混淆不同类型的辩论,并且埋没了健全推理的正确性。"①这话对当前司法改革具有重要的警示意义。

从参与诉讼的当事人来说,直接关涉其利益的判决结果是其最为关心的问题,诉讼的进行本身就是为了利益问题,无论这种利益表现为精神上的还是物质上的。这样,判决中的结果成为整个判决中对当事人影响最大的部分,简明扼要地将最终的判决结果进行表述是法官能在判决书中最直接地满足当事人心理的做法。相应地,对理由部分的重视要次于结果。由于经过了复杂的诉讼程序,当事人已经对在程序运行过程中所进行的各种举证、质证以及论证等环节的情形有了相当的了解,也就是说,他对论证和说理的具体内容有了大致的了解,自然在判决书中就不会那么重视理由部分了。即使只是粗线条地表述适用了法典的某个条款,当事人也明白这一条款是如何在庭审过程中得出的以及如何经过辩论得以适用的;对案件之外的社会一般民众来说,仍然是对结果最为关心,因为不管一般的民众出于何种目的来关心案件,他们对结果的具体内容能够有较为透彻的了解,这几乎是他们对案件唯一能够关切的地方。相反,如何论证和说理,不仅是一般民众不愿去了解的,而且他们很少能够有相应的专业知识来评判这种说理和论证。因此,造成了民众对论证结果的关心远远超过了对论证过程

---

① 茨威格特,克茨.比较法总论.潘汉典,译.法律出版社,2003:229.

的关心,这是民众在案件信息的获取上所做的比较选择。①

判决书说理还必须能够使普通公众明白,如果判决书说理只是追求简洁而不能使人知晓,社会公众也难以接受判决结果,明了是简洁的度。判决书是法院依照法定职权按照法定程序制作的具有很强法律性的专业文书,它的语言必须是规范性的法律用语,即通常所说的"法言法语",但"法言法语"的运用应以普通公众的理解认知为限度,超越此限度则是司法判决领域法律性极端化的表现,反而会对司法判决的公信度产生消极影响,这就要求判决书撰写时必须对法律言语进行必要的解释,尤其是对所适用的法律进行解释。法律的本义只有在解释中才能发掘和呈现,即使是特别明确的法律规则或法律概念,在和具体案件相结合从而推出裁决结果的过程中,也需要法官正确合理地解释其含义以及在本案中适用的理由。在很多时候,尤其是面对较为概括的规则和较为复杂的案件,人们往往会得出多种理解和解释结果。在这种情况下,就更需要通过解释判断哪种结果是正确的。

我们必须反对判决书简单地宣告判决依据的法律条款,不管这些法律条款含义的深浅,同时我们必须谨防判决书说理走向另一面——过于专业化的解释。当今一些法学界人士呼吁通过引进判例制度来增强判决书的说理性。他们的用心是好的,但目前,我国绝大多数法官还没有掌握判例制度所倚重的区别技巧,一般当事人也难以读懂依照判例制度制作的判决书,这意味着引进判例制度至少为时尚早。实际上,这种话语以"精英人物"为中心,垄断了"小人物"的话语权,很大程度上没有体现普通受众的感受和关注他们的可接受程度,使判决书撰写日益陷入专业的内部运作,在理性化程度越来越高的同时也日益与普通民众的理性化程度拉开距离。主张法官在判决书中运用权力的、精英的话语,对于不懂法律的受众来说,是一种智识上的歧视和压制。必须牢记,判决书最主要的功能首先是社会的,要为当事人纠纷之解决提供一种合理化的证明,给特定的公众以启示,其次才是职业的,在可能的情况下,为后来类似案件的处理提供一种导引。

(二)评价判决书说服效果应该以一般社会公众为主体

司法判决书这项产品被制作完成,最终要流向社会,它的产品质量——说理效果如何一直是人们最为关心的司法问题。判决书的受众较多,不同类型的受众有不同的论证说理需求,对判决书说理评价就不同,那么,应该由谁评价判决书的说服效果,评价判决书说理效果应该以谁为主体?

① 孙光宇.从社会听众的视角看简约判决文书的力量.政法论丛,2006:5.

在我国,判决书的主要受众是一般社会公众。判决书说理方式主要是由他们决定的,评价判决书说服效果就应该以他们为主体,他们是无数当事人的化身,最需要判决书说理,知道判决书说理问题出在哪里,甚至懂得判决书应该怎样说理。虽然判决书是因解决当事人的纠纷而产生的,说服当事人是判决书最低的也是最现实的要求,但由于当事人之间存在利益对立,很多时候说服他们近乎不可能,说服了一方,另一方就不同意。即使判决书说理在其他受众看来情理交融,天衣无缝,也难免没有骂名,判决书是否说理交由他们来评价,对法官来说,显然有失公允。评价判决书说理性也不应该以法律职业共同体为主体,虽然他们有能力及时阅读判决书,评价较为简便,往往与案件无涉,评价较为客观,而且他们是法律方面的行家里手,评价也较为科学,但他们对判决书的说理需求往往与普通受众并不一致,况且我国目前有没有法律职业共同体又是一个问题。"所谓的法律共同体也仅是一种想象性的虚构,至少在中国目前,并不存在这样一个统一的法律共同体。在中国目前的法律界,至少有法律实务圈子和法律学术圈子之分别,两者之间有相当大的差别,在一定程度上,相互看不起,很难形成统一的看法。"①事实上,法院也不愿意将判决书交给法律学术圈子来评价,更多的是法院自己评价自己。很多高级法院或中级法院制定了裁判文书质量评比标准或办法,这些标准或办法对落实《人民法院五年改革纲要》有关精神十分有益,对提高该地方法院判决书的制作质量大有帮助,它弥补了判决书说理评价领域的空白,但它们只是出自法院内部,很难代表法律学术界的声音。

评价判决书说服效果应该以普通社会公众为主体,但问题是即使在如今网络十分发达的年代,有多少人能够阅读一个与己无关的普通案件的判决书?我们很难保障他们迅速知晓判决书的内容,也很难快速集中他们的意见。因此,必须动员普通受众和职业受众一道进行相关立法,建立一项制度来评价判决书的说服效果。这项制度至少包括以下内容:判决书必须说明理由,说理必须包括事实认定和法律适用两个方面,说理必须有事实依据和法律依据,以及依据可以是什么,不可以是什么,说理的标准是什么,不说理的表现又如何,判决书不说理,法官要承担何种责任,等等。这一制度的意义在于:确立判决书说理是法官的义务,使法官不得不说理,为判决书说理树立一个相对明确简单的操作标准,便于法官说理,从而最终促进判决书说理性的整体提高,同时为评价判决书说理树立一个相对客观公正的标准,避免评价因人而异,防止对法官无端的指责或肆意的包容。这一制度反映了普通受众和职业受众的共同愿望和需求,是他们集体智慧的结晶,是司法民主的象征。

---

① 苏力.判决书的背后.法学研究,2001:3.

第五节　判决书说理的模式

判决书说理的模式是判决书传递事实信息、法律信息的方式,是向当事人和社会论证判决合法性、合理性的说理方式,是法律推理的书面体现。从不同角度可以划分为不同的类型,按照"法律、事实、判决"三者之间的逻辑关系,即法律是大前提、事实是小前提、判决是结论,它经常被概括为简单归摄模式、复杂归摄模式和对话选择模式三种。[①]

一、简单归摄模式

在此种模式中,判决的证明被归结为一种演绎推理的三段论架构,判决书陈述的仅是法律规则、相关的事实以及判决结论。以侵权损害赔偿为例,将其逻辑结构表示如下,大前提:在构成侵权损害赔偿责任的条件中,需要加害人存在过错地实施了违法的加害行为,并造成了有实际财产损失的损害后果;小前提:甲存在过错地实施了违法的加害行为,并给乙带来了有实际财产损失的损害后果。结论:甲应当承担侵权损害赔偿的责任。在这种证明模式中,逻辑过程为一种简单的线性形态。这种模式有两种主要形态:一种是并不明确陈述所有的三段论要素,只陈述判决结论,所适用的制定法也只是隐含地提及——即适用的制定法条文,并不引证。这种形态可见于芬兰和瑞典早先的司法判决和当今法国的一些司法判决,另一种是在前提不止两个时,陈述的内容超过简单的逻辑三段论构件。我国多数判决书说理苟简,其逻辑结构即属此类。

简单归摄模式的逻辑结构可以用符号表示如下:

大前提:$Tx-Jx$(所有满足构成要件 T 的对象 x,有 J 的法律效果)

小前提:$Ta-Tx$(a 为某一构成要件 T 的对象 x)

结论:Ja(法律结果 J 归属于 a)

二、复杂归摄模式

这也是一种演绎推理结构,但它与简单归摄模式有着明显的区别。在这种模式下,法院将提供一种更为细致的证明。对前提的陈述复杂而详尽,法律规定,凡盗窃者处五年以下有期徒刑,何为盗窃罪? 盗窃罪指窃取他人的动产以为自己或他人不法所有;何为窃取? 窃取是指乘人不备秘密移置动产,使其脱离原来的财产监督而归自己或他人持有的行为;何为持有? 像这样不断地追问每一

---

①　张志铭.法律解释操作分析.中国政法大学出版社,1999:204-206.

前提中概念的含义,以构成"次级前提",直至将某一事实或对象归入能导致法律后果的构成要件。这种模式广泛流行于德国、意大利、波兰等大陆法系国家。从理论上分析,主要有三种形态:①线性形态。在这种证明形态中,证明由一连串逐级推进的演绎步骤组成,其中的每一步都由前一步来证明。②非线性形态。这是一种多角度的证明模式,其最重要的特征在于每个结论(包括最终的判决结论)都由若干论点支持。③混合形态。如果有若干推理步骤,每一个步骤都采用多角度的形式进行证明。

复杂归摄模式的逻辑结构可以用符号表示如下:

大前提:$Tx-Jx$(所有满足构成要件 T 的对象 x,有 J 的法律效果)

小前提1:$T1x-Tx$(对构成要件 T 的第一层次的解释)

小前提2:$T2x-T1x$(对第一层次构成要件 T 的解释)

小前提 n:$Tnx-Tn-1x$(Tn 为对构成要件 T 的最终层次的解释)

小前提:Tna(a 为某一满足对构成要件 T 的最终解释 Tn 的对象 x)

结论:Ja(法律结果 J 归属于 a)

以上符号表示不只是线性形态的复杂归摄模式,因为对构成要件的每一层次解释可能涉及的是两个以上的概念,那样一来,它就成了混合形态的复杂归摄模式;而如果前提层次不多,那么它就成了非线性形态的复杂归摄模式。

简单归摄模式和复杂归摄模式主要适用于大陆法系国家。大陆法系国家实行成文法,立法被认为是完整、清晰、逻辑严密的,法官不得创造法律,法官被认为是"自动售货机",他只需要根据两个已知的前提,即完整、清晰、逻辑严密的法律规定以及裁判的事实,作出结论,这实际上是一种形式逻辑三段论的运用。所以它说理的依据很单一,只有法典而不包括判例或其他,将"包罗万象、详尽无遗"的成文法适用千差万别的个案。但法官要论证的不仅是适用的法律,还有认定的事实。

在大陆法系国家,其判决理由模式,不论是法国的简单归摄模式,还是德国的复杂归摄模式,都属于演绎推理。这是欧洲大陆崇尚理性主义,否认归纳推理、经验的可靠性。这些国家拥有完备的法律体系和详尽的法律规范,重视追求普遍正义,又兼司法权弱于立法权,法官不得造法,必须严格适用法律,故而多采此种推理模式。

三、对话选择模式

在这种模式中,最终判决不是作为一定前提的逻辑结论出现,而是作为依照解释论点和优先规则作出的司法选择的结果。对话选择模式的主要特征是,陈述和讨论在每个相关争议焦点上相互冲突的解释论点,辨别可能出现的各种可供选择的方案,然后陈述作出公开选择的理由。这种模式为英美法系国家所采用。

英美法系国家实行判例法。法官审理案件首先不是问法律原则是什么,法律规则是什么,而是摆在面前的问题是什么,是一种从案件到案件的推理(reasoning from case to case),反复斟酌案件的本质及合理性,依归纳方法而推理,因此要求法官不能满足一两个成文法的条款,要将问题分析得尽可能透彻。如果某一个问题是法官第一次遇到,他便要借助一般法律原则、法律发展一般趋势、立法背景所提示的立法意图、其他法院在相同问题上判决的理由、学者们对这一问题的一般看法、非利害关系人对同一问题可能持有的看法,以及法官个人对法律公正性的把握等方面来撰写判决理由,以支持其判决。所以它的说理依据是很多的,被称为同四种人,即律师、其他法官、死人(即判例法)与尚未出生的人(即将产生的后果)展开对话。这也可以说是一种对话、选择性的证明模式。但法官所需要的说理对象仅是适用的法律,而不包括案件事实。

英美法系国家广泛采取的是对话、选择性的模式。这种模式在逻辑上属于归纳推理。这些国家习惯于具体地而不是抽象地观察事物,相信经验而非抽象的概念,他们认为普遍性的规则无法囊括具体个案的种种情形,法官必须在遵循先例的前提下,具体情况具体对待。再加上严格的三权分立与制衡,司法权较为强大。因此,多用归纳之法。

相对面言,我国更为接近大陆法系国家,可多借鉴其判决书说理结构模式,同时也可兼采英美法系国家之长,再结合本国实际选择具有自己特色的判决书说理模式。判决理由模式的形成与正确而广泛的运用,必会促使我国法律文书在制作相关内容时言之有物,论之有力。但是我们必须认识到,这并非仅仅加强法律文书理由部分的写作就能很好地完成的任务。法律文书的制作要强化所有的法律工作者法律推理的能力。美国的法学院将法律推理和法律写作结合在一起讲授,原因大概正在于此,这也是值得我们学习的方面。

判决书说理是由表及里、逐层推进地讲道理,让当事人认清事实和逐层推出裁判结果。在此过程中,先说什么、后说什么,是详说还是简说,都涉及判决书说理的结构安排。不同的法官有不同的结构风格,殊途同归达到说清道理的目的。在实质性说理中,对证据认定说理环节既可先罗列当事人的质证意见,一证一质一认定,也可统一质证后逐项阐述是否采信的理由;在事实认定环节,既可以按时间顺序,也可按争议焦点的递进关系说清认定的事实;在适用法律环节,无论是按照三段论的要求写清法律适用,还是用其他说理方式进行阐述,都需要层次清楚。在程序性说理中,法官既可以先给出结论性意见,再说为什么对当事人程序性权利主张或法院职权行为的正当性给予事实和法律上的说理,也可以先就当事人程序性权利主张或法院职权行为的依据进行阐述,最后再根据当事人程序性权利主张或法院职权行为的给予进行阐述,然后再根据法律规定得出是否予以支持的结论性意见。判决书说理的结构没有固定的模式,但无论是哪种模式都需要符合逻辑,思路清晰,简明扼要。

第六节　判决书说理的特征

判决书说理是时代的产物,是人类进步的重要标志,也是衡量司法文明的基本标准,它不同于其他的论证说理,不仅受制于司法政策、法律,而且难免受到道德约束,同时也离不开社会情景的影响。

一、判决书说理具有司法政策性

18 世纪前的欧洲大陆,封建的黑暗统治已经到了无以复加的地步,在资产阶级启蒙思想的指导下,法国率先爆发了革命,史称"法国大革命",推翻了封建王朝并建立了资产阶级社会。至拿破仑时期,开始了一系列的立法活动。受其影响,欧洲大陆的其他国家纷纷效仿,开始了大规模的法典编纂运动,这个风潮后来还刮到了亚洲和拉丁美洲及非洲的一些国家,目的是限制权力的肆意妄为,如法官的自由裁量权。因为法国大革命前的法官是封建社会的权力者之一,人们似乎无法原谅他们为政时的种种腐败行为,因此,出于对法官的不信任,法国大革命后,国家开始制定一系列法律来限制法官的权力。普通法系国家因其司法至上的传统和判例法的制度特征,司法机关在国家中享有很高的地位,允许法官造法。普通法系国家中的法律规范和规则是从判决书的说理中引申而得来的,故普通法系国家不但有重视判决书说理的传统,而且认为这是法官需尽的义务。

我国对判决书说理制度的建设,主要有以下三个阶段:第一阶段,创设阶段。1987 年 6 月 4 日,在第十三次全国法院工作会议上,作为"全面提高人民法院审判工作水平"的一个问题,司法文书的规范化被明确提出。1992 年 5 月,《法院诉讼文书样式(试行)》得以通过。第二阶段,试行修正阶段。1996 年 10 月,诉讼文书修改领导小组成立;1998 年 12 月 2 日,全国高级法院院长会议上明确强调判决书应说理充分,说服力强。第三阶段,强化说理阶段。经过多年司法政策的实施,结合实践成效,在本阶段,主要通过三个方面推进判决书说理。①司法解释要求判决书说理。2001 年 12 月 6 日,最高人民法院审判委员会通过《最高人民法院关于民事诉讼证据的若干规定》,第六十四条规定:"审判人员应当依照法定程序,全面、客观地审核证据,依据法律的规定,遵循法官职业道德,运用逻辑推理和日常生活经验,对证据有无证明力和证明力大小独立进行判断,并公开判断的理由和结果。"②审判管理促使判决书说理。2004年10月21日,最高人民法院发布《关于印发〈关于进一步加强人民法院基层建设的决定〉的通知》,提出"继续全面落实公开审判制度……进一步规范各类裁判文书制作标准,统一全国法院裁判文书制作式样,注重裁判文书的说理性"。③贯彻审判公开原则促进判决书说理。2007年6月4日,最高人民法院发布《关于加强人民法院审判公开工作的若干意见》,强调判决书要清楚反映判决理由和依据。2009年12月8日,最高人民法院印发《关于司法公开的六项规定》和《关于人民法院接受新闻媒体舆论监督的若干规定》,要求说理公开。

二、判决书说理具有理由正当性

所谓的正当性就是正确性,这里所说的理由正当性包含两层含义:一个是法律意义上的正确性,另一个是道德意义上的正确性。法律意义上的正确性即要具有合法性。判决书说理的合法性要求,案件事实的认定是对符合证据法规则的证据进行程序上正当的逻辑推理后形成的。在这里,首先要有客观充足的证据,并且这些证据必须经过证据三性的确认,符合举证规则,经过法庭质证,要有法官对证据的分析推理过程。在某些情况下,如果某法律规定因专业性强等原因而晦涩难懂时,抑或是当事人要求对该法律规定进行解释时,法官在适用法律时需进行相应的说明,以证明其适用法律的正当性。

道德意义上的正确性简单来说即具有合理性。合理性有形式上的合理性与实质上的合理性两种。从判决书说理的角度看,形式上的合理要求法官的整个推理过程是在严格按照逻辑的前提下进行的,不可主观臆断。实质上的合理性,也即判决说理要符合普遍的价值判断和是非标准,其目的是增加社会的可接受性。合理化也意味着要对决定的动机和根据给予一个适当的理由说明,如在判决书中加入言情伦理的表达方式,这对现阶段的中国判决书说理而言是有积极作用的。中国古代的判词多呈现这样一个特征,重视情理的说教,以达到说服的目的。因此,从判决书说理的合理性角度看,有必要对古代判词的这一特征予以传承。

三、判决书说理具有情境适应性

法治国家要求法官履行说理义务,这项义务由法律所规定,由实现程序正当性所要求。说理对象不仅包括案件当事人,还包括未参与诉讼的其他法官、法学家、社会公众等,所以,法官也须努力让那些处于特定情境之外的群体明白如此判决的理由。社会的发展使得解决某些纠纷的道理所依赖的生活情境发生了变化,而新的情境仍需要那些时过境迁而具有生命张力的道理来指导。生活情境的迅速转变,使得不同情境传统的人们不得不生活在一起,这时,说理就变得重要起来,对从前的道理或是进行继承,或是进行拓展以获取之后适用的道理。说理如此,判决书说理亦是如此。社会的进步,法治的要求,使判决书说理必须具有对情境的良好适应,从而对说理进行继承与拓展的选择性得以提升。判决书说理本身就是法官顺应情景进行语言选择的一个动态过程。在交际情景中,社交世界、心理世界和受众因素,都对判决书说理有着重要影响,而判决书说理必须根据情景的变化来选择不同的语言,以便适应不同的语境。判决书说理具有顺应情景的动态性,使得其权威性在有差异的情景中均可得以实现。

　　判决书说理,说不说、如何说,在社会大众看来只是法官笔下"愿不愿意"的事情,但事实并非如此。现阶段,学界比较一致的观点是,政治制度传统、公民社会养成、法治思维信仰、责任承担方式等诸要素均可折射到判决书说理的领域。判决书说理制度构建也应当以上述结论作为长远考虑的有益参考。但是,在经验上,不应忽视一般与特殊的差异关系。任何一般、通用的标准抑或理论必须在尊重既有事实的基本前提下才能有效地融入实践。在判决书说理的领域也存在这个问题。当前真正阻碍、困扰法官判决书说理的关键问题有二:一是累;二是怕。法官因心累和身累而无暇说理;法官因"怕"检察机关强势的法律监督、当事人不满裁判的诉求转化、缺乏专业素养的舆论监督而不敢说理。①"累"和"怕"的问题解决了,判决书说理必然会有质的提升;反之,如果解决不了或者解决不好,即便其他条件都具备,判决书说理也未必能够顺理成章、水到渠成。

---

①　庄绪龙.裁判文书"说理难"的现实语境与制度理性[J].法律适用,2015(11)85-87.

第三章　判决书结构与判决书说理

目前学界研究判决书说理性主要集中于判决理由,很少有人对判决书结构进行研究,严格地说是研究"判决"的说理性,而不是"判决书"的说理性。毫无疑问,判决理由是判决书说理性的重要体现,但不是唯一的手段。本章试图从宏观与微观两个角度探讨判决书结构与判决书说理之间的关系。

第一节　宏观视野下的判决书结构与判决书说理

把判决书结构作为一个整体,来分析它与判决书说理的内在关系,从中可以发现二者紧密相连。判决书结构的产生源于判决书需要说理,判决书结构如何又影响着判决书说理的功能。在当下,判决书结构改革的目的就是促进判决书说理的提高。

一、判决书结构与判决书说理:结果与原因

作为法官解决纠纷的权威性,为什么需要判决书? 或者说为什么需要一定结构的判决书? 这是理解判决书结构及其说理性会遇到一个根本问题。判决书必须以一定的格式和内容并以正式宣告的方式向当事人进行告知,决不仅是一种偶然或者怎样都行的形式性选择,而应当有其不得不如此的重要目的或深层原因。

事物的存在在于其合理性,判决书存在合理性可以说在于其特有的功能。判决书的功能可以归纳为以下六种。①调节功能:判决书能调节社会矛盾,解决社会纠纷,向当事人和社会宣布法庭确定的权利和义务,从形式上反映当事人要求的合法性。②监督功能:任何判决书都有一定的内容或要素,并以一定的书面形式向当事人和社会以及上级法院报告司法过程,当事人、社会和上级法院通过判决书了解法院认定事实、适用法律的具体情况,对审判的公正性进行监督。③展示功能:判决书绝不是对规范内容的简单记载,如何记载反映出法官的内在世界,展示着承办案件的法官、判决书制作人的人格品德、法律思维能力和法学知识水平,是法院形象的体现,是一国司法制度的缩影。④反思功能:法官可以通

过判决书的制作,反思案件的审判审理全过程,反省审判活动的某些不足或漏洞,积累审判经验。① ⑤教育功能:判决书还可以对当事人、社会公众进行法律教育。⑥说理功能,即判决书说理性:判决书以一定的方式论证其判决结果合法性、合理性的能力。

判决书以上的功能都是至关重要的,对它的产生、它结构的产生都具有重要意义,但只有说理功能才是判决书产生的根本原因:因为①在审判的终结阶段,完全可以用口头方式告知当事人,或者把简短的文字形式作为判决也不是不可想象的;②当事人完全可以通过自己亲身的经历,上级法院完全可以通过原审法官审理报告,实现对审判的监督;③法官通过判决书的制作对自己的判断过程进行反思,尽管很重要,但原则上他被期待着在整个审理过程中始终都慎重地审视回味自己的判断是否妥当,判决书的制作并不能视为法官进行反思时不可或缺的必要条件;④要求法官以法院的名义依法审判、充分说理而不署法官姓名的国家是存在的;⑤通过惩罚方式对当事人和社会公众进行威慑性教育也是可想象的。

"之所以需要制作判决书,其根本原因应该在于,法官有必要通过这样一种具有相当透明度和客观性的形式,向当事人以及包括法律专门职业共同体在内的社会一般人进行说理论证自己的判决拥有的正当性。"②说理性是判决书、判决书结构产生的原因。

二、判决书结构与判决书说理:结构与功能

功能是事物作用于他物的能力,即系统作用于环境的能力,判决书可以作用于当事人、社会公众、法官和法院,调节双方的纠纷,教育引导人们,展示法官魅力,说服上级法院不要改判,说服当事人接受判决结果。

正如"法律功能取决于法律的内部结构,也就是说,法律系统内部各要素之间以及各要素与整体之间存在必然的结构关系",③判决书的功能,尤其是判决书的说理功能也取决于它的内部结构,取决于它的要素及其要素与要素之间、要素与整体之间的相互关系。判决书是否有一个反映审判过程的要素?公开透明的程度如何?判决书用什么方式展示法官认定事实适用法律?判决书是否反映了法官的思维轨迹?事实是什么?法律理由又是什么?判决书是否有激励法官说理的要素?还有没有其他合理的要素?这些要素组成序列又如何?——所有这一切都不同程度上影响判决书的说理性。一般来说,判决书的要素越多,这些

---

① 张保生. 法律推理的理论与方法. 中国政法大学出版社,2000:380.

② 王亚新. 对抗与判定. 清华大学出版社,2000:282.

③ 付子堂. 法律功能论. 中国政法大学出版社,1999:43.

要素界定越精确,判决书说理性就越强。所以王亚新先生说"判决书是否能够在诉讼审判制度内真正占据上述那种意义不可或缺的关键位置,或是否能够发挥那样重大的作用,取决于其具有的样式结构"。①

按照马克思主义结构功能观,功能是由结构决定的,取决于结构要素的性质、结构要素的数量、要素的相互关系,但功能并不是完全被动的,它的能动性体现在:结构应该服务于功能,结构应该适应功能的发展。判决书的说理性是由其结构决定的,结构不同,说理能力各异,但判决书结构应该适应说理性的发展。说理是一个全面的综合的体系,为了适应论证说理的需要,判决书透明公开程度越高,裁判思维轨迹越清晰,理由越充足,激励越多,判决书说理性就越强。改善判决书结构要素的性质,增加其要素的数量,改变要素之间的相互关系,是发挥判决书说理性的重要途径。

三、判决书结构与判决书说理:手段与目的

说理性是判决书、判决书结构的重要目的,不仅在于结构应该适应功能的发展,而且在于众多的功能中说理性处于核心地位。

法律是理与力的结合,②有理无力是道德,有力无理是强权,其中理是基本的,力是必要的。判决书也是理与法的合一。判决书的说理如何直接影响到判决书力的效果。充分说理的判决书有利于判决的执行:美国的司法判决的执行不存在执行难的问题,在很大程度上,司法判决经常像一篇说理极其充分的论文。③

判决书的说理性,是实现监督的重要途径。伯曼指出的,英美法系国家常常把法官公布的判决理由看作是抵御法官刚愎自用和专横行为的最主要保障,因为详尽撰写的判决理由的文件将受到大众的审查和批评,使法官滥用权利受到严厉地监督,从而杜绝此行为,并使法官行使裁判权必须受到上诉审的约束。④判决书说理论证,陈述法庭选择、解释和适用法律的过程,一方面是社会对法官任意行使司法权力的程序控制,另一方面是法院抵制社会各界对司法独立的无端干预。

判决书只有说理才能教育人,法律人主要是通过讲道理说服人是以理服人而不是以力服人,中国有句古训:"富贵不能淫,贫贱不能移,威武不能屈",就说明力的有限性。一纸不说理的判决书不仅不能教育人,而且有损人们对国家法

①　王亚新.对抗与判定.清华大学出版社,2002:284.
②　张文显,李步云.法理学论丛[M].法制出版社,1999:48.
③　王利明.司法改革研究.法律出版社,2000:348.
④　哈罗德·伯曼.美国法律讲话.陈若桓,译.三联书店,1988:22-23.

律的信仰。培根说,"一次不公的司法判决比多次不平的举动为祸尤烈。因为这些不平的举动不过弄脏了水流,不公的判决则把水源败坏了。"①

判决书只有说理才能展示法官的精神面貌,才能充分反思其判决过程。判决书的说理是实现其调节功能、监督功能、展示功能、教育功能的重要途径,是现代判决书结构的目的。结构只是实现说理性的手段。目的决定手段,手段服务目的。追求无手段的目的,就像崇尚无目的的手段,不过是一种空想而已。②

显然无论实行什么样的结构,都是适应论证说理的需要,这是现代国家的共识。即使服务于同样论证说理的目的,判决书仍然可以有多种结构,即"文无定法"。但如何更清晰地展示判决形成过程,如何提供更有说服力的理由,寻找最有效的结构,增强判决书的说理性,正是我们法院、法官、学者的职业所在。

总而言之,判决书结构和说理性关系密切。在某种意义上,我们可以说判决书的说理就是一种结构,因为说理包括说理者、听众、说理的环境和说理的方式,这些要素之间存在密切的联系。我们还可以说判决书结构就是说理,判决书的五大部分即首部、事实部分、判决理由、主文以及尾部,分别叙述说理的听众和环境、说理的事由、说理的方式、说理的内容、说理者,说理是判决书的内容、功能、属性和目的。

第二节　微观视野下的判决书结构与判决书说理

从微观上对比中外判决书结构及其说理功能,旨在说明和论证判决书说理功能取决于它的内部结构,取决于它的要素性质、要素数量、要素相互关系。我国判决书结构不合理在很大程度上影响了判决书的说理性。我们可以通过改善判决书要素性质如首部、事实部分和判决理由的质量,增加要素数量如少数意见,改变要素之间相互关系如法官位置和主文位置,增强我国判决书的说理性。这是继当前法官径路和制度径路之后,关于判决书说理功能研究的第三种路径。

一、判决书结构的要素性质及其说理功能

判决书结构是指判决书叙述审判事件的构成要素及其相互关系。在所有的现代国家,判决书都包含最低限度的内容或要素,其中与判决结果的正当性证明密切相关的事项主要有六个方面:案件所经程序的叙述,当事人提交证据和所持

论点的概述,案件事实的陈述,所适用的法律规则,支持判决的理由,以及法院最后的判断和判决。[①] 按照我们的习惯,把判决书分为五大组成要素,即首部、事实、理由、主文以及尾部。由于种种原因,各国以上要素具体内容并不相同,判决书的说理功能因此有很大差异。

例如,就首部而言,我国长期以来重实体、轻程序,当事人出于法律知识的缺乏或对结果的功利,法官、法院只满足于把纠纷处理好,对于一次官司更看重其结果而不是过程。判决书一般不记载相关程序事项,如合议庭成员的回避与更换,审判组织或审理程序的变更,管辖权的取得与管辖异议的处理,当事人的追加与变更,开庭日期的变更,由法院确定的提交证据的期限以及在期限内未提交证据法院所采取的措施,缺席判决之前所采取的保障缺席方当事人程序权利的各种努力措施及其凭证,诉讼保全或先予执行及其影响,等等;而其他很多国家对程序问题十分重视,如日本、德国、瑞典、瑞士等大陆法系国家必须记载辩论日期和判决日期,英、美判决书还对投票表决情况予以载明,例如本杰明·卡多佐制作的麦克弗森诉伯克汽车公司案判决书即载明,"希斯科克法官、蔡斯法官和卡迪巴克法官同意卡多佐法官意见;霍根法官同意卡多佐法官的结论;威拉德·巴特利特首席法官宣读异议意见;庞德法官不投票"。[②]

判决书是否记载程序事项对判决书说理有着重要影响。如果判决书不反映程序事项,法官决定程序事项的权利几乎处于秘密和不受控制的状态,可以不对程序问题进行说理,那么,很多当事人和公众自然就会对司法判决结果充满怀疑和敌意。事实上,有些二审的发生就是因为法官违反了或者被认为违反了法定程序。如果判决书反映程序事项,进一步贯彻审判公开原则,反映案件从受理、开庭到结案的完整过程,则不仅仅是加强审判监督,避免司法过程中的腐败,防止当事人证据拖延和袭击,防止法官久审不决,违反法律程序,侵害当事人的利益,而且在一定程度上可以解除人们对合议庭"暗箱操作"的合理怀疑,容易增强判决的亲和力。

再如,事实部分,在很多国家,如英、美、德、日等国主要包括诉求和证据,有的还包括质证过程和案件的争论点以及当事人之间没有争议的事实,都不包括认定的事实,不涉及法官的判断和说理,[③]与此紧密相联的判决理由(除英美法系外)则是指法官所认定的事实和适用的法律,以及所认定事实和适用法律的理由,这种界定要求判决书全面说理,不仅对法律适用说理,而且还要对事实认定

---

① 张志铭.法律解释操作分析.中国政法大学出版社,1999:202.

② 彼得·哈伊.美国法律概论.沈崇灵,译.北京大学出版社,1997:242.

③ 王贵东.判决书事实部分之界定[J].中华社科论坛,2005(4).

说理。

而另外一些国家如俄罗斯和我国,事实部分主要包括法院认定的事实,判决理由是对法律适用的论述,例如就我国刑事判决书而言,事实部分主要包括法院认定的事实、情节和证据,判决理由则是对行为性质、情节和处理方式的论证,并不包括事实和证据的论证,事实和证据论证虽可在事实部分进行,但不作为判决理由看待,这实际上意味着事实认定、证据选择不需要说明理由,结果往往是从证据直接到认定的事实,反映在判决书中是"本院查明……证据有……上述证据确实充分且能相互印证,足以定案",造成判决书无须说理,或者在"本院查明"部分(即事实部分)以及"本院认为"部分(即判决理由)反复论证,导致说理重复啰嗦。其实,要求事实部分分析证据,同时对控辩双方在事实上不同的认识作出辩驳,判决理由认定和论证被告人的行为性质、情节和应负的法律责任,并对控辩双方的不同看法作出辩驳,将这些辩驳分开处理,在逻辑上行不通,在操作上有困难,因而也难以说理。

二、判决书结构的要素数量及其说理功能

事物的功能不仅取决于它的要素性质,而且还取决于它的要素数量,即要素的有无和多少,一般来说,要素越多,功能越强。判决书说理功能亦取决于判决书要素的有无和多少,对比不同国家的判决书结构,我们发现各国判决书对不同意见的展示并不相同。

在普通法系国家,司法判决书广泛利用并展示不同意见,当然也有例外,比如英国如今上院倾向于只发布一种意见。大陆法系国家,传统上司法判决书只展示一种意见,如今情况已有变化,除法国和意大利,多数国家的司法判决书都出现了不同意见。但是大陆法系国家允许不同意见的情况有很大差异。在一些国家如阿根廷、芬兰和瑞典的司法判决书中,对不同意见的展示相当充分。它们的做法与美国法院的做法非常接近。在德国,不同意见一般只出现于宪法法院的判决中。而另外一些国家如我国,不同意见的展示并不常见,尽管部分法院在这方面作了大胆的尝试,但在规范性判决书样式中尚没有适当的位置。

其实,如果判决书不展示不同意见就会因此失去了部分判决理由,因为不同意见,从法官独立而不仅仅是法院独立的角度来看,本质上从属于判决理由,是少数法官的判决理由,是未被判决书主文采纳的判决理由,这在一定程度上限制了判决书的说理功能。判决书公布不同意见有利于增强它的说理性。因为对少数派法官来说,如果提出少数意见,他得准备迎接当事人和社会的挑剔,如果他掩盖其真实意思不提出不同意见,就有可能陷入错误的判决中。而在错案追究制下,他要受到惩罚,两难境地,法官不得不认真分析案情,谨慎地作出判决并充

分地说理。对多数派法官而言,为了夺得法庭内部的主导权,撰写多数意见的法官也往往必须详细论证,以便影响、说服或者反驳自己的同事,或为了获得足够的支持,做出适度的妥协,以便把那些意见并不完全一致的观点也包纳在司法判决书中。无论少数派法官还是多数派法官,都可以通过表达他的个人意见展示其渊博的法律知识、独特的法律视角和敏锐的逻辑分析能力,从中获得精神愉悦因而乐于说理。通过阅读这样的判决书,我们从中可以感觉到法官个人的才华、崇高的敬业精神以及为判决所付出的辛劳,也容易被法官的说理所感动。

三、判决书结构的要素关系及其说理功能

事物的功能还取决于它要素间的相互关系,即使要素质量高,要素数量多,如果组成不合理,也会影响事物的功能。判决书说理功能也不例外。正因为如此,各国都重视判决书要素间的相互关系,判决书因而表现出惊人的相似性,例如,总是先原告诉求后被告辩称,总是先认定事实再适用法律,等等,但也有不同之处。

这首先表现为主文的位置不同。一种是我国和俄罗斯实行的是"事实——理由——主文"模式,主文放在理由之后,或许有人认为:这种安排更符合审理的逻辑过程,因为先有起诉、答辩,再有查明事实、适用法律,最后才产生裁判结果,而且让当事人先了解审理过程渐至裁判结果,心理上比较容易接受。其实不然。第一,这种模式并不符合法官的认识判断顺序。心理学家告诉我们判断的过程很少是从前提出发继而得出结论的。判断的起点正与之相反——先形成一个不很确定的结论,一个人通常是从结论开始,然后去发现用以导致该结论的前提。在审判中法官不断地选择法律裁减事实,他的决定通过预感而不是三段论逻辑推理而形成,之所以采用三段论形式是因为"精明的法官,在已经做出决定的前提下,劳其筋骨,苦其心智,不仅要向自己说明直觉是合理的,而且还要使直觉经受批评苛责"。[①] 第二,"让当事人先了解审判过程渐至裁判结果,心理上比较容易接受"是基于如下理论假设:当事人按顺序阅读判决文本。而事实上,当事人一般先阅读判决主文,因为从当事人心理需要来说,他们最关心的是判决结果,其次才是对这一结果的证明,甚至很多当事人并不关心对结果的论证,由于种种原因,他们往往也无法关心对结果的论证。另一种是"主文—事实—理由"模式,实行这种模式的有日本、德国、瑞典、奥地利我国等多数大陆法系国家和地区。主文置前,与紧接其后的事实部分原告诉求相照应,时刻提醒法官不能超出当事人请求范围而判决,要针对性地回答当事人的诉讼请求,无论各项请求重要与

---

① 博西格诺.法律入门.邓子滨,译.华夏出版社,2002:29.

否,显然,这更容易催生说理性较强的判决书。

如果我们再仔细比较,还会发现各国判决书中法官位置的差异,一些国家如我国,判决书将法官置于尾部,一些国家如英、美、奥地利、瑞典、瑞士,将法官置于首部,还有一些国家如法国,判决书中根本没有法官的位置,这很容易导致判决书说理能力不强,因为法官位置与署名形式紧密相联,而不同的署名形式对法官说理积极性有着重要影响。判决书中没有法官的位置,实行不署名形式,或将法官置于尾部,遇到合议庭审判案件时,实行集体署名形式,这两种形式都极不尊重"知识产权"。一般来说,法官没有多大动力将自己的观点细致地表达出来,因为产权不明确,精心撰写司法判决书的法官从自己的额外努力中既不能获得额外的物质利益,也无法获得额外的精神利益。于是,合议庭将判决书制作交给某个高水平的法官,而低水平的法官坐享其成、不思进取,不利于全体法官素质的提高,或者交给某个低水平的容易受摆布的法官,而他的说理能力直接影响到社会对整个合议庭、法院的评价。[①] 而将法官记录于判决书首部,与其他诉讼参与人相呼应,同时将判决书撰写人和案件审理者分开,方便判决书撰写人尾部署名,能够激励法官说理。

通过以上的分析和论证,我们可以看出,判决书说理功能是由其结构决定的,取决于它的要素性质、要素数量、要素相互关系,结构不同,说理能力各异。判决书是否有一个反映审判过程的要素,公开透明程度如何,事实是什么,理由是什么,判决书用什么方式展示法官认定事实、适用法律,是否能清晰地反映法官的思维轨迹,是否有激励法官说理的要素,这些要素组成序列又如何,等等,都在不同程度上影响了判决书的说理性。一般来说,判决书要素质量越高,要素越多,组成越合理,说理性就越强。这就意味着我们可以通过改革判决书的结构,如改善其要素性质,增加其要素数量,改变其要素间的相互关系,来增强它的说理性。今天的判决书改革绝不仅仅是判决理由内容的改变,还应该包括结构样式的革新,王亚新先生说,判决书是否能够在诉讼审判制度内真正占据不可或缺的关键位置,或是否能够发挥重大的作用,取决于其具有的样式结构,[②]这话对目前的司法改革具有重要的启示意义。

---

① 　王贵东.判决书署名形式之比较,载《山东审判》2006(6):108.

② 　王亚新.对抗与判定.清华大学出版社,2002:284.

第四章　我国判决书结构及其说理性

判决书的结构是构成判决书的基本框架,有严格稳定的规范性要求。为指导全国法院民事判决书的制作,确保文书撰写做到格式统一、要素齐全、结构完整、繁简得当、逻辑严密、用语准确,提高文书质量,最高人民法院制定了《人民法院民事裁判文书制作规范》《民事诉讼文书样式》。该制作规范,对刑事、行政类裁判文书制作均有指导作用。制作高度程式化的判决书,应当遵循最高人民法院依照我国诉讼法所制定的规范样式,谋篇布局。但是,在基本格式上遵守规范样式,不等于在具体表述上一定要按照样式列举的范例"依样画葫芦"。在判决书的基本格式按规范制作的前提下,在各个自然段落内,对具体内容的表述,应当根据案件的特点和审判的需要而有所不同,并应当按照审判方式改革的要求进行程式化制作,这是为了便于使用,有利于准确无误地实现其法律效能。为此,提高判决书制作水平,首先要从文书的结构方面多加考虑,努力使判决书各个部分更加科学,更加完整,更加规范,更加有利于操作。

第一节　判决书首部的说理性

所谓"首部",是指判决书的开头部分,通常记载案件基本情况以及参与人基本情况,前者包括:所判法院,案件性质例如民事、行政、刑事,判决书案号,方便国家档案管理查询这是不可或缺的,后者记载当事人基本情况包括姓名、性别、民族、年龄、住址、身份、职业等,这也是不可或缺的,不仅为了方便判决的执行,而且还因为当事人是判决书说理的主要听众,视判决书的性质及案件的具体情况还得记载法定代理人、诉讼代理人、辩护人、法人、鉴定人、翻译人员等。可以说我国判决书首部记载极其详尽,然而通过比较,我国的判决书首部仍有一些缺陷。这些缺陷影响着判决书的说理性。

一、关于案件命名问题

世界上大多数国家判决书都有个名称。由于文化不同,命名的方式有多种,比较典型的有美国和日本,前者是按"原告诉被告"形式命名,如格雷丝诉伯格案,后者则按案由命名,如房屋腾退请求案。尽管两国法系不同,命名各异,但有一点是相同的,这种命名不是针对个案,而是类似的案件。这些命名有利于法典的编纂,有利于法官的对比分析和引证,为判例法准备有利条件,从而容易实现类似案件类似处理。

而我国案件却没有一个名称,如果有,通常是法官私下的谈论和学者舆论的评述,案件的命名很不规范,带有他们浓厚的感情色彩,不利于案件的编纂,不利于判例制度的形成,案件与案件没有联系。于是,同一辖区同一法院甚至是同一审判庭,不同法官之间可能就完全相同的案件作出截然不同的判决,而在当代法律的一致性成为一个重要话题,判决书说理的一致性备受关注。

二、关于参与人基本情况

在英美法系国家以及德国、俄罗斯、奥地利、瑞典、瑞士通常还将法官记录于首部,一方面与其他参与人相呼应,把法官提到很高的位置,另一方面为判决书尾部撰写人署名提供了出路,在不减法律的权威性情况下,激励法官去说理。而在我国将法官置于判决书尾部,当合议庭审判案件时,所有参与的法官都记载尾部,客观上造成了一种集体署名的制度,这种制度是不利于法官说理的。

三、关于程序公开事项

英美法系国家以及大陆法系国家德国在判决书首部记载辩论日期和判决日期。辩论日期和判决日期绝不是可有可无的记载,因为它与诉讼时效、诉讼效率、证据效力紧密联系在一起,一方面防止当事人证据拖延,另一方面防止法官久审不决,违反了法律程序,侵害了当事人的利益。

英美法系国家判决书还对投票表决情况予以载明,例如"麦克弗森诉伯克汽车公司案"的判决书即载明:"希斯科克法官、蔡斯法官和卡迪巴克法官同意卡多佐法官意见;霍根法官同意卡多佐法官的结论;威拉德·巴特利特首席法官宣读异议意见;庞德法官不投票。"[1]英美国家学界认为判决"includes a decree and any order from which an appeal lies",[2]也就是说判决"既是指解决纠纷的一种技术程序,也是法庭在受理案件时,对该案当事人权利进行确定的一种实际裁定"。[3] 对程序十分重视,判决书既要反映实体又要反映程序。

而我国长期以来"重实体,轻程序",对于一次官司更看重其结果是否公正,

① 彼得·哈伊.美国法律概论.沈崇灵,译.北京大学出版社,1997:242.
② Bryan A. Garner: A dictionary of modern legal usage,page 481,Oxford University Press,2001。
③ 戴维·沃克.牛津法律大辞典.光明日报出版社,1988:484.

因此无论在判决书正文还是首部,程序事项在格式化的判决书中无法找到自己的位置。我国诉讼法虽然规定了当事人一些程序权利,却没有设置实现这些权利的相应程序,判决书不要求公开程序事项,法官决定程序事项的权利几乎处于秘密和不受控制的状态。

判决书首部对程序的公开具有重要的意义。判决书对审判程序的记载不仅是公开审判原则的贯彻,加强了对法官审判的监督,而且避免了人们对合议庭"暗箱操作"的负面心理效应,正如拉德布鲁赫先生所言"司法的公开性不应仅仅为了监督。民众对法律生活的积极参与会产生对法律的信任,对法律的信任同时又是参与这类活动的前提",[①]法官只有在公开透明的环境下说理,才能解除当事人、社会公众的合理怀疑,才能增强判决书的说服力。

为此,有人建议,我国的判决书首部应当对"合议庭成员的回避、中途更换,审判组织或审理程序的变更及其原因和根据,管辖权的取得依据与管辖异议的处理,当事人的追加与变更程序及其依据,开庭日期的变更及其理由,由法院确定的提交证据的期限以及在期限内未提交证据法院所采取的措施及其依据,缺席判决之前所采取的全部保障,缺席方当事人程序权利的各种努力如送达的具体措施及其凭证,诉讼保全或先予执行措施、依据以及对案件处理结果的影响"进行详细记载。[②] 这是有道理的。

为了增强判决书的说理性,首部不仅要公开必要的程序事项,还要记载参与人的基本情况,而且应该给案件命名,便于案件的搜索和借鉴。

第二节　判决书事实部分的说理性

学者们对判决所依据的事实进行了深入的探讨,而忽视了对判决书事实部分的研究。判决书事实部分应该包括哪些内容,判决书事实部分中的"事实"是什么,它与判决所依据的事实是否相同? 立法者更希望是客观事实,法院、法官更多的是指向认定事实,学者一般是指向法律事实。本书试图对判决书的事实部分进行比较、分析和界定。文章运用比较研究法,展现了两大法系判决书事实部分的内容和特征,指出我国判决书事实部分界定不清所带来的种种弊病,混淆了判决理由,削弱了判决书的说理性。文章基于结构与功能理论,认为必须改革我国判决书事实部分:第一,只记载当事人起诉答辩的事项,不包括法院认定的事实;第二,概括当事人的质证过程;第三,总结当事人的争论焦点以及没有争议

①　拉德布鲁赫.法学导论.米健,朱林,译,中国大百科全书出版社,1997:124-125.

②　傅郁林.民事判决书的功能与风格[J].中国社会科学,2000(4).

的事项。改革判决书的结构样式，提高判决书的说理性，推进审判程序公开，是司法改革可行的抉择。

一、域外判决书事实部分简介

作为判决书的"事实部分"在拉丁文中用"recital"表示，"recital"词根"cite"，"cite"意为"引用"，"recite"意为"背诵；列举"，"recital"意为"一系列事件的详述；背诵；契约或判决等中的陈述部分"，这三个词都强调"忠实原文，再现原貌"。判决书的事实部分是判决书的陈述部分，陈述当事人所呈现的事实，而不包括法官认定的事实即"fact"。"fact"意为"真相；认为或被称为真实的东西"，是经过一系列努力查明的案件真相和推定的结果，是法官认定的、作为判决依据的"事实"。

在大陆法系，德国采取"主文——理由"模式，理由指支持现存裁判主义的全部根据，即判决所依据的事实和法律及事实认定和法律适用的缘由，[①]"判决所依据的事实"和"事实认定"的"事实"不同，"判决所依据的事实"即作为判决理由一部分的事实部分，包括无争议的事实、诉讼请求、既往诉讼事由、有争议事实的陈述等。[②]日本判决书昔日实行"主文——事实——理由"结构，其中的"事实"即事实部分，包括当事人的请求和当事人的主张即证据和对方证据的态度（承认、否认、不知），20世纪六七十年代人们认为这种记载过于烦琐，发动了一次判决书样式的改革，现在普遍推行"主文——事实和理由"结构，其中的"事实"即事实部分，包括原告诉讼请求、案件的概要、双方没有争议的事实和裁判人员所概括的争点。[③]我国台湾目前实行的也是"主文——事实——理由"模式，事实部分分为原告和被告两个方面，两者都包括：①声明；②陈述；③证据，其中"声明"即当事人的诉讼请求，"陈述"乃当事人的理由。[④]

在英美法系国家，由于案件的制度分工，即使在疑难案件中，初审法官一般也不直接处理事实问题，事实问题由陪审团来处理。但事实认定是法律适用的前提，同时为了体现判决书的完整性以及增强判决书的可读性，英美法系国家判决书同样要记载事实情况，不过由于它的结构自由灵活松散，很难找到同结构严谨的大陆法系判决书对应的独立的事实部分，往往在判决书的开头有一个"案情概要"（syllabus of case）或"背景"，通常写明案件的事实、问题（包括法律和事实

---

① 龙宗智.刑事判决应加强判决理由[J].现代法学,1999(2):35.
② 狄特·克罗林庚.德国民事诉讼法律与实务.刘汉富,译.法制出版社,2000:95-100.
③ 王亚新.对抗与判定.清华大学出版社,2010:228.
④ 唐文.法官判案如何讲理.人民法院出版社,2000:544-549,552.

两个方面)的争议焦点、原告的主张、被告的主张以及既往的诉讼过程。^① 我国香港地区承袭英美法系传统,判决书的结构却比较清晰,事实部分通常由"引言、背景、案件争论点、答辩理由和证供"组成,其中"引言"介绍以往的诉讼历程,"背景"介绍案件的由来。

目前我们无法考察所有国家和地区的判决书,详细描述它们判决书的事实部分,但是通过比较分析可以看出,以上国家和我国的香港地区判决书的事实部分具有如下特征:在内容上,主要包括诉求和证据,有的还包括案件的质证过程、法官所概括的案件争论点以及当事人之间没有争议的事实,这些事实部分的"事实"在法官和当事人之间是没有争议的;在来源上,这些事实部分的"事实"都是当事人围绕诉讼所呈现出来的,是法官概括的,不是法官推定和认定的结果,不涉及法官的判断和说理。

二、我国判决书事实部分之分析

判决书在我国有着悠久的历史,从出土发现最早的判词——西周晚期夷厉时期青铜器亻朕匜上所铸之铭文算起,约有三千年的时间,但作为一种结构严谨、层次分明的现代样式的判决书始于清朝末期。清末宣统年间沈家本、伍廷芳等人考察西洋诸国后,吸收西方法律文书的经验,编纂了《考试法官必要》,规定刑事判决书的内容包括:①罪犯之姓名、籍贯、年龄、住所、职业;②犯罪之事实;③证明犯罪之理由;④援引法律某条;⑤援引法律之理由。民事判决书的内容包括:①诉讼人之姓名、籍贯、年龄、住所、职业;②呈诉事项;③证明理由之缘由;④判断之理由。辛亥革命前,清王朝编成《刑事诉讼律草案》和《民事诉讼律草案》。该两个草案规定判决书包括当事人姓名、身份、职业及住址;诉讼物;一定之声明的事实要领;对于相对人事实上主张之陈述和证据方法或声叙方法之陈述;附属文件及其件数;年月日;审判衙门;当事人签字诸项内容。这与当代的判决书已相当接近了。将"事实"作为判决书结构的一部分,这种模式对当时的解放区以及我国的台湾地区的判决书制作有着深刻的影响。

关于我国判决书的结构样式只有民事诉讼法做出了规定,刑事判决书和行政判决书的制作参照民事诉讼法。民事诉讼法第一百五十二条规定:"判决书应当写明判决结果和作出该判决的理由。判决书内容包括:(一)案由、诉讼请求、争议的事实和理由;(二)判决认定的事实和理由、适用的法律和理由……"判决书的事实部分包括双方的诉求和辩由以及既往的诉讼过程。另外,根据最高人民法院1993年公布的《法院诉讼文书样式》对刑事判决书制作的样式说明,事实

① 潘维大,刘文琦.英美法导读.法律出版社,2002:141-142.

部分还包括法院认定的事实、情节和证据。我国现行判决书的事实部分继承了我国的历史文化传统,又借鉴了世界两大法系判决书的制作方法,具有鲜明的综合性,既同大陆法系判决书一样包括当事人所呈现的事实,又像英美法系判决书一样包括被法官认定的事实。但我国与英美法系不同,在英美法系,认定的事实是陪审团裁定的结果,是法官不能选择、不能改变的,在当事人和法官之间不存在争议,从而不需要法官说理,即"证据证明力的判断和事实的认定不构成法官的判决理由",①在我国,法官既要适用法律又要认定事实,同时必须就其事实判断、证据选择和法律适用说明理由。

这种综合的事实部分使判决书在说理方面具有一定的局限性。事实部分包括法院认定的事实、情节和证据,判决理由并不包括事实和证据的证成,只是对行为性质、情节和处理方式的论证,事实和证据论证虽可在事实部分进行,但不作判决理由看待,这实际上意味着事实认定、证据选择不需要说明理由,结果往往是把认定事实等同于罗列证据,反映在判决书中是"本院查明……证据有……上述证据确实充分且能相互印证,足以定案",造成事实认定没有说理。或者在"本院查明"部分以及"本院认为"部分反复论证,造成说理重复啰嗦。判决书说理要求事实部分分析证据,同时对控辩双方在事实上不同的认识作出辩驳,然后在判决理由部分又认定和论证被告人的行为性质、情节和应负的法律责任,并对控辩双方的不同看法作出辩驳。这将事实问题的辩驳和行为法律性质和情节方面的辩驳分开处理的方式在逻辑上似有不顺,在操作上似有困难,因而难以说理。② 判决书说理,非法官不愿也,不能也,乃不便也。

当今大多数判决书习惯于用简单的"原告诉称"和"被告辩称"形式概括当事人的争论,仿佛原告、被告在法庭上只有一次交锋,没有体现举证责任的分配、倒置和转移,而举证质证过程是事实认定程序过程的重要内容,公众看不到案件的事实在诉讼程序中如何被过滤、被呈现、被证明,看到的只是一种简单的演绎推理证明。这种证明没有达到逻辑与历史的统一,缺乏一种应有的厚度和深度。③"裁判文书中争诉法律关系内容的缺失使得反映审判关系内容的'法院查明'失去了基于产生的根据,查明事实似乎成为法院的单方行为,从而丧失其正当性"。④ 法院查明的事实失去产生的根基,事实认定失去正当性,判决就失去说服力。

由于判决书没有概括当事人的质证过程,简单的"原告诉称"和"被告辩称"

---

① 童兆洪,章恒筑.判决理由改革论.载《浙江大学学报》(人文社会科学版),2002(2)26.

② 龙宗智.刑事判决应加强判决理由.现代法学.1999(2)38.

③ 周道鸾.民事裁判文书改革与实例分析.人民法院出版社,2003;72.

④ 哈里·爱德华兹:《爱德华兹集》,傅郁林,译,法律出版社,2003.

形式难现诉辩双方存在的分歧和已经达成的共识。它摒除了当事人关于事实的不同叙说及针锋相对的辩驳,所有的意见分歧被法官甄别、筛选后纳入法院认定的事实部分,奉行法官职权主义,忽视了当事人的作用,没有体现出当事人在事实方面的争议,判决书说理容易失去针对性。这样的叙述方式以法官的视角为主导,法官往往根据自己的取舍标准提及、确认和论述某项具体事实,因此在实践中经常会出现一些判决书有选择性地叙述证据、论证事实,表现出较大的随意性。[①]

三、我国判决书事实部分之完善

内容决定形式,但形式并不是被动的,它可以反作用于内容,更好地服务一定的内容。不同的形式具有不同的功能,判决书的结构样式也是这样的。为了更好地增强判决书的说理功能,必须对判决书的结构样式进行改革,对判决书的内容进行补充和整合。就判决书事实部分而论,主要有以下路径:

第一,只记载当事人起诉答辩的事项。

在诉讼过程中有两种事实,一种是当事人起诉答辩的事项,是当事人依法参加诉讼所呈现的事实,一种是法官经审理认定的事实,即人们所说的裁判事实或法律事实,是一种程序事实、依据证据规则再现的事实、带有明显规范性的事实。两者紧密相连,前者是后者的基础,没有当事人的起诉答辩事项就没有法官认定的事实,后者是对前者的裁减加工,后者的正当性和合法性必须建立在前者的基础上。但两种事实明显不同,来源不一,视角各异,内容上不一致。前者属于当事人举证说理的范围,这就是为什么要求当事人不仅提出请求和证据,而且要用证据来论证自己诉求的缘由,对于前者,法官无须说理;后者即法官认定的事实,是法律适用的基础,所有的大陆法系国家需要法官选择证据论证说理,都归属于判决理由。前者是从诉辩双方的角度,包含的是未经法官判断的内容,后者是从法院的角度撰写的,包含的是法官已经判断的和评价的争议内容。当事人给出"事实",即事实部分,法官给出"法律",即判决理由。

只记载当事人所呈现的事项有利于增强判决书的说理性。例如,日本、我国判决书制作虽然较为简洁,但判决书说理清晰明白;德国判决书说理十分详实,判决书经常十几页;英美判决书说理更为充分透彻,动辄几十页,甚至上百页。采用综合性的事实部分,即事实部分既包括当事人所呈现的事项,又包括法院认定的事实,相对应的判决理由必然是狭隘的,仅限于对裁判的法理分析,这无益于判决书的说理,或者造成说理重复啰嗦,或者造成判决书对事实认定无须说

[①]　黄芳.民事裁判文书的制作与审判方式的改革.法律适用.2000(10)16.

理,甚至导致判决书说理根本无法操作。因此,我国判决书事实部分应该将当事人所呈现的事项和法院认定的事实进行分离,限定当事人所呈现的事项,不包括法官认定的事实。

第二,概括当事人的质证过程

《证据规定》第四十七条规定:"证据应当在法庭上出示,由当事人质证。未经质证的证据,不能作为认定案件事实的依据。"质证是指当事人(包括诉讼代理人)以及第三人在法官的主持下,就证据的真实性、合法性、关联性以及证明力的有无、大小予以说明和质辩的活动或过程。质证的意义在于,使审理更加公开,法院能够正确地认定事实,以及保障当事人的程序权利。

判决书事实部分再现当事人的质证过程,有利于进一步推进审判公开。审判公开不仅是结果的公开,更是过程的公开,过程是结果的前提,结果必须建立在过程之上;不仅要公开法官认定的事实,也要公开当事人质证的事项,当事人质证的事项是法官认定的事实的基础。判决书事实部分记载原告、被告之间的辩驳,有利于彰显当事人双方在案件上的争论点。对于没有参加庭审的社会公众来说,阅读记载有质证过程的判决书后,很容易知道案件的来龙去脉,因而比较容易接受判决结果。很明显,判决书再现案件审判中的质证过程操作起来并不困难,但一定程度上会增加判决书制作的成本,然而这是提高判决书说理性必须付出的代价。

第三,总结当事人争论焦点以及没有争议的事项

所谓争论焦点,简单地说就是纠纷的核心,矛盾的交锋点,案件双方当事人争执的问题所在。从大的分类来讲,案件争论焦点包括事实争论焦点和法律争论焦点,事实争论焦点和法律争论焦点又可以进一步细分。没有争议的事项也可以分为事实和法律两个方面。总结案件争论焦点以及没有争议的事项能体现法官熟悉案情的程度,是法官把握法律与案件联系的能力的一个突出标志。

法官在事实部分总结案件的争论点,有利于判决书有针对性地说理,论证孰是孰非,从而使当事人易于心悦诚服地接受判决结果,同时满足社会公众对判决书说理的期待。法官在事实部分概括案件的没有争议的事项,有利于突显案件的争论点,对于没有争议的事项,法官没有必要进行说理,这样可以节省自己更多的精力,使判决书说理有的放矢,同时也可以避免法官在不需要说理事项上受到无端的指责。

增强判决书的说理性,是当今司法改革的重要难题。司法改革当然需要宏大的战略部署,但实现其目标更要脚踏实地,落到实处,深入细节,操作具体。通过改革判决书的结构样式,为判决书撰写人提供宽阔的制作空间和必要的限制,加强判决说理,不失为一种可行的内在的改革路径。审判公开是司法改革的重

要内容。审判公开才能司法公正,才能彰显司法正义,正义不仅要实现,而且要以看得见的方式实现,改革判决书的结构样式,记载更多的程序性事项,有利于进一步推进审判公开和公正。改革判决书的事实部分,只记载当事人起诉答辩的事项,描述他们的质证过程,概括他们没有争议的事项以及相关的争论焦点,等等,可以增强判决书的说理性,进一步推进审判公开,提高司法公信力。

第三节　判决书理由部分的说理性

判决书不以生动的人物形象和曲折的故事情节吸引人,也无法以深邃的思想和崇高的理想感召人,它注重的是以严密逻辑推理、精巧的法律说服人。判决书的力量和情感就蕴藏在其深沉的法律评判中,它是判决书的魂。这一灵魂在文书中的体现就是理由,它介于事实和结论之间,是将整篇文书连成一体的桥梁和纽带。关注判决书理由的写作,就是着眼于判决书的精神之所在。

一、判决理由概述

(一)判决理由概念

一般而论,理由即行事的道理。在法律活动中,理由指的是得出结论和提出观点的原因及依据。判决书,特别是判决书论证说理部分通常被称为理由,它是指运用语言文字表现进行法律评判的主体通过概念、判断和推理,将抽象概括的法律条文应用于具体案件,从而得出结论的全过程。说理性的文章一般包含三要素,判决书中的理由分也不例外,这三要素为:论点、论据和论证。

1.论点。论点就是判决书中的观点和意见,也即是制作主体对某一法律问题或事项进行判断后所得出的结论。判决书中的论点首先必须合法。此处所指之法为广义,既包括各种法律、法规及其他规范性文件,也包括法律的基本原则和基本理念。众所周知,制定法律不可避免地存在着不合目的性、不周延性、模糊性和滞后性。因此,对法律基本原则和理念的合理解释也囊括在论点合法性的内容之中。其次,论点应尽可能合理。合法而不合理的论点,尽管在大多数情况下为法律所允许,但难以为人们所接受和认可,也往往无法在现实中得以实现,有时甚至从根本上违背了公平正义之观念。民事法律中的诚实信用、行政诉讼法中的显失公正就是从法律上对不合理进行的否定。论点在合法的同时最好也具备合理性。再次,论点必须具有可证性。缺乏可证性的论点,论据难以寻求,论证无法展开,其合法合理性无从体现,自然也不会为人们所理解和接纳。只有这三个条件兼具才算得上论点正确或选择得当。

2.论据。论据,就是立论的根据和用来证明论点的判断。通常,在提出论点以后,必须举事实讲道理以证明论点。这些证明论点的事实和道理就是论据。法律论证的论据多种多样:法律事实、证据可以作论据;法律条文、法学原理可以成为论据:自然法则、经验法则、社会情理和风俗能够成为论据。论据应当能充分有力地证明论点,使得观点与根据达成统一,所以选择论据必须紧扣论点。对论据的基本要求是真实明确的。

3.论证。论证,就是运用论据来证明论点真实可靠的论述过程。在判决书中,论证就是依据所认定的事实来确定应当适用的法规,并依此推导出相关结论的过程。在法律活动中,这一过程的术语性表达法律论证或法律推理,它是逻辑思维方法在法律领域的运用。在判决书中应当将整个经过清晰而完整地呈现出来。

(二)判决理由的内容

判决理由(ratio decidendi)不仅是判决书结构的关键部分,而且也是法学的一个重要范畴。范畴作为理论思维和理性认识的一种形式,对现实有规范作用:科学范畴以其内涵和外延的确定性标准促进认识的精确化和完善化,以其包容的想象力、新思维、新视野推进认识的发展和深化,以其对事物本质和客观世界规律的正确反映指导人们的行为、提高实践活动的能力和自觉性。[①] 因此正确的认识和界定判决理由内容对增强判决书的说理性具有重要的意义。因为判决理由的内容不同,说理的对象不同,说理的方式就有所差异。

在当代不同的法律制度和法语系统中,判决理由具有不同的内容。其一,它可能是指支持现存裁判主义的全部根据,即判决所依据的事实和法律及事实认定和法律适用的缘由,如德国刑诉法,就将判决分为主文和判决理由两个部分,判决理由包括事实部分,在一定程度上混淆了事实和理由。其二,仅指支持裁判所认定的事实和所适用的法律的理由,它排斥了少数法官的理由即不同意见。其三,就某种特殊的法律制度,如英美的判例法制度,判决理由是指对判决中所适用的法律原则和规则的论证。[②]

而在我国,在比较狭窄的意义上,限于对裁判决定的法理分析,判决理由并不包括事实认定,[③]这是我国司法界和法学界对判决理由的一般理解。这种界定是不利于判决书说理的,它虽然要求法官对判决适用的法律进行详尽的分析,

① 张文显.法哲学范畴研究.中国政法大学出版社,2001:3.
② 周海平.论刑事一审判决书的改革与完善[M].人民法院出版社,1999:802-803.
③ 王长江.论我国判决书理由模式的选择.河南社会科学.2003(5)

却暗示法官可以不对事实认定说理。其实,认定事实的争议不亚于适用法律的,事实认定是法律适用的前提;而且不符合我国的司法实践,我国和大陆法系国家一样法院判决包括"认定事实"和"适用法律"两个基本部分。

因此,判决理由一般指法官判决认定事实以及适用法律两个方面的理由。任何判决都是法律规定、事实自身的产物。这就意味着我们的判决书不仅要对法律适用说理,而且要对事实认定说理。

(三)判决理由的类型

判决理由可以从不同角度进行分类。通过判决理由类型和内容,我们可以看出判决书在说理的过程中说了些什么。

按判决理由的内容,可以分为事实认定的理由和法律适用的理由。事实认定的理由是法律适用理由的基础,两者一脉相承,具有严密的逻辑体系。但不同法系国家判决理由内容有着不同的指向。英美法系国家只阐明法律适用的理由,事实认定是陪审团的事,通过自由心证形成,不需要说明理由。大陆法系国家和我国包括事实认定的理由和法律适用的理由,而且更注重前者,因为事实认定是法律的前提。

按判决理由的本质,可以分为形式理由和实体理由。形式理由是指产生于权威法律渊源的理由。这种权威渊源的范围在不同法律传统的国家中会有不同,比如,在普通法国家它大致包括所适用或解释的制定法、相关的宪法和制定法规定、相关的判例、相关的行政法规或官方解释、相关的法律原则、相关法律概念的逻辑关系、所在领域的权威性政策,政治、经济和社会内容的理由,其效力大小取决于它们自身的重要性程度,而非与权威法律渊源的联系。实体理由包括产生于道德准则的正当(rightness)理由,产生于可能的社会政策目标(goal)的理由,以及产生于法律的制度和程序特征的各种制度理由。① 不同的国家对理由有不同的要求:大陆法系注重形式的理由,严格实行形式逻辑推理,法官十分被动,只是适用法律的机器;而英美法系则更注重实体的理由,从个案到个案,法官经常更高地考虑实体理由创造法律。法治应该是实体正义和形式正义的结合。实体理由可以矫正形式理由的漏洞和缺陷,使形式理由随着社会的不断发展,亦可进一步增进形式理由的说服力,而形式理由是为了更好地实现实体理由。

如果站在法官独立而不仅是法院独立的角度,判决理由可以分多数法官的理由(多数意见)和少数法官的理由(不同意见)。英美法系国家认为法官独立是

---

① 张志铭.法律解释操作分析.中国政法大学出版社,1999:212.

司法独立的前提,承认不同意见亦是判决的理由,所以允许法官的不同意见出现在判决书中。而大陆法系国家认为法官不过是代表法院行使国家的审判权力,不允许或很有限制的承认不同意见,判决书中一般只出现一种代表多数法官的理由。

判决理由还可以分为说服法官的理由与说服其他人的理由。对于裁判理由的内容,德国的埃塞尔(Esser)认为,可作不同的解释,一是指判决所根据的理由,二是指作出判决的心理动机。比利时法律逻辑学者班来门说,后者是主观的,指什么东西说服了法官,前者是客观的,指怎样说服其他人,班来门认为在法律领域不应把两者等同起来①。主观的和客观的又紧密相连,判决书公开法官被说明的过程即自由心证过程,包括公开各种影响法官心证的主客观因素包括常识、经验、归纳或演绎、反证……这表明法官是受到约束的,判决书是正当的——也是说服其他人的过程,法官只有说服自己才能说服其他人。国外的法官很注重说服自己的理由,例如大法官本杰明·卡多佐在审判时不断地追问"我要求什么原始资料的指导? 我准许这些资料的多大部分对结果起作用? 这些资料应该多大部分起作用? 如果一个先例是可以适用的,什么时候我拒绝遵循它? 倘无先例可循,我如何创制构成未来先例的规则? 若我正寻求逻辑的一致性和法律结构的对称,我应涉入多深? 基于某些不一致的习惯,出于社会福利的某种考虑,以及根据自己或共同的正义和道德标准,调查应在哪一点上终止?"②

(四)判决理由的成因

判决之所以需要说理。首先,作为法律的理由不再是知识论的而是语境的,不存在客观的唯一的"理",存在的只是具体的历史的"理",在哈贝马斯商谈理论中,交流产生共识,共识即真理。其次是适应法治的需要,程序合理性必先优于实体合理性,没有程序合理性就没有实体合理性,两者是一致的,程序合理性目的是为了更好地实现实体合理性。再就是使正确的意见同时成为多数人的意见,使其他的法律职业者、社会普通人更加讲理,社会更加民主、文明,法律话语更具有权威。

1.认定事实需要说明理由

在英美法系国家,法官一般不直接处理事实问题,事实问题由陪审团来处理。陪审团只给出认定,认定的结论通过自由心证而形成,陪审团的判决(verdict)被认为代表人民的声音,不需要说明理由。

---

①　周道鸾.民事判决书改革与实例分析.人民法院出版社,2001:88.
②　埃尔曼.比较法律文化.贺卫方,高鸿钧,译,三联书店,1990:200.

我国和大陆法系国家一样,法官不仅要适用法律而且要认定事实。法官认定的事实即裁判事实具有二重性,[①]一方面,它是一种已然事实,包括事项、情节、行为和事件等,这就要求法官要阐明它认定的事实和当事人所给的事实有何异同,事实的认定不是基于法官的权力,而是基于事实的本身和法律的规定。另一方面,它作为判决的基础,是一种规范事实。当我们把裁判事实称为法律事实(或规范事实)时,实际上是依据法律规范对生活事实或自然事实的要件事实的一种属性判断(广义的价值判断),既然是判断就得说明理由。因此,判决书不仅应当说明:法院查明的事实与当事人举证事实有何异同,在证据相抵触时,一方证据效力为何大于另一方证据,等等,而且应当说明:为什么法院认定的事实就是法律事实、就能作为定案的依据。

我国和大陆法系国家一样实行的是三段论逻辑推理,法官审理案件时应以事实为根据,以法律为准绳,而事实和法律从理论上讲,是两种不同质的现象。要想使事实和法律对号入座,在法律中必须有事实的成分。如果在作为法律的大前提中不存在法律事实,那么事实和法律就属于不同质的东西,而不同质的东西断难使用形式逻辑的推论方式。[②] 要使法律推理顺利完成,必须使事实中有法律的成分,法律中有事实的成分,说理就不可避免。裁判事实的二重性、逻辑推理的同质性要求法官认定事实必须说明理由。

2.法律适用需要说明理由

从解释学角度来说,适用、理解和解释是解释学紧密相连的要素,[③]有适用必有理解和解释。解释就意味着说理,因为解释要素的作用不再是解释而在论证解释,解释、说理不仅方便当事人和社会理解,而且有助于法官深化对法律对案件的理解。从哲学的角度说,名与实即法律和现实既有相适应的一面,也有不完全符合的一面。法律和法律所指向的事物会出现矛盾,法官不仅要遵从法律的形式正义,而且还要不断地补充法律漏洞、矫正法律偏离,实现法律的实质正义。从司法角度说,法律适用的说理是实现司法社会监督、防止法官枉法的重要途径。从语言学的角度讲,法律语言具有不明确性、不确定性和不自足性,需要法官解释进而论证说理弥补这些缺陷。

在欧洲很早以前,人们认为判决是行使权力的行为无须说理,因此不存在判决理由部分甚至不存在判决理由,判决理由因其独特的功能如沟通国家和社会、说服案件当事人、联系主文与事实,[④]决定它是判决书必不可少的一部分。判决

---

①　葛洪义.法律思维与法律方法.中国政法大学出版社,2002:196-197.

②　陈金钊.法律解释的哲理.山东人民出版社,1999:292.

③　梁慧星.民法解释学.中国政法大学出版社,2000:128-129.

④　胡桥.判决理由的概念和功能.浙江省政法管理干部学院.2001(6).

必须说明理由这一原则在今天是极为牢固地树立起来了。^①

二、判决理由模式

　　一般就"法律、事实、判决"三者逻辑关系而言,即法律规则是大前提、裁判事实是小前提、判决结果是结论,人们进而将判决理由分为"简单归摄模式、复杂归摄模式和对话选择模式",^②这种划分是宏观的考察,在这种意义上,每个国家的判决书有其说理的模式,甚至可以说自从有了判决书就有了说理模式。但这种宏观的划分还不足够清晰地反映法官思维的轨迹,还不能显示不同国家判决理由模式的差异,例如日本和德国判决理由说理方式有什么不同。既然是判决的理由,就判决过程而言,要经历事实推理、法律推理和判决推理三个阶段,每一种推理有其不同的模式。^③ 三者是性质不同的推理,有着不同的规律和规则,它们之间关系的推理为人们所关注,但事实推理、法律推理为人所忽视。尽管法律和事实是难以区分的、适用法律和认定事实总是联系在一起的,因此本书试图将判决理由进一步分为认定事实的模式和适用法律的模式。认定事实的模式反映证据、证据规则和认定的事实之间的关系;适用法律的模式反映认定的事实、相关法律和判决结果之间的关系。如果说判决是实现正义,判决理由模式则是实现正义的方式,正如英国法谚云"Justice must not only be done, but must be seen to be done",即"正义不仅要得到实现,而且要以人们能看得见的方式加以实现",判决理由必须以一种人们看得见的模式加以实现。

　　从判决书的角度,判决理由模式可以分为事实认定模式和法律适用模式,前者主要有判决要旨式、证据分析归纳式和焦点归纳分析式,后者主要有直接引用法条式、法律分析式、对话选择式。本书通过比较分析不同国家和地区判决理由具体模式,展示不同模式的说服力差异,意在说明:我们不应拘泥于一种固定的判决理由模式,而应针对案件的需要,灵活地借鉴其他有代表性的模式,清晰地反映法官思维的轨迹,增强判决书的说理性。

(一)事实认定模式

　　除英美法系外所有国家的法官都需要认定事实,事实认定是法律适用的前提。因此,判决书都必须反映事实认定,体现法官运用证据规则从众多相互冲突的证据中确认案件事实的过程。但由于政治经济法律制度和文化传统不同,事

---

　　①　勒内·达维德. 当代主要法律体系. 漆竹生,译. 上海译文出版社,1984:132.
　　②　张志铭. 法律解释操作分析. 中国政法大学出版社,1999:204-206.
　　③　王洪. 司法判决与法律推理. 时事出版社,2002:10.

实认定模式有所差异,主要有以下三种。

第一,以法国为代表的判决要旨式。一般来说,早期大陆法系国家认为判决是一种特权行为,法院在判决书中无须写出判决理由,后来为了防止司法专横,这些国家陆续要求判决书必须写明判决的理由和根据。即使这样,以法国为代表的多数大陆法系国家判决书制作仍以简明扼要见长,事实认定部分以判决要旨形式出现,即对法院判决内容作极为简洁抽象的说明,它省略基本事实,或只予提及,从不提供判决所根据的证据和理由。法国判决书中没有专门叙述案件事实的段落,只有在阐明必须撤销原判的各个理由、原审法官的论据或最高法院自己的观点十分必要时,才会隐隐约约地间接提及案件事实。意大利最高法院的大多数判决书也只以判决要旨的形式公布,对事实作极其简单的叙述,加上下级法院的程序步骤。该模式之所以在这些国家能够通行,主要是因为它们的法治建设已有长期的历史,法律制度特别是司法审判制度比较健全,公民的法律意识也较强。

英美法系国家也有此类判决要旨,但形成原因并不相同。英美法官一般不直接处理事实问题,事实问题由陪审团来处理,陪审团只给出认定,认定的结论通过法官的自由心证而形成,陪审团的判决(verdict)被认为代表人民的声音,不需要说明理由。但判决书必须简单地记载陪审团认定的结论,一方面为了体现判决书的完整性,满足人们阅读的需要,另一方面作为对下面所载判决的大概内容的初步提示,以供后来援引此案作为先例的法官参考。

第二,以德国为代表的证据分析归纳式。判决书习惯于概括当事人在庭审过程中所表述的事实和请求后,围绕当事人的诉讼请求,将证据认定作为事实认定的前提,先对证据具体内容及理由逐一评述,再把证据分为予以认定的证据和不予以认定的证据,最后对予以认定的证据所证明的事实加以总结。例如,德国Ks1/59起诉布拉奇医生的刑事诉讼判决书,[①]事实认定体现在对“被告、死者、罪行”的逐一分析。关于被告,连我们认为无关紧要的无须记载的成长经历、家庭背景、性格都不放过,关于死者,有他的职业、前科和耍流氓详细经过,关于罪行,不仅记载布拉奇的客观行为,还有主观心理活动,其中不时地提及相关的证据,最后归纳总结,前述调查结果基于哪些可靠的证据,全面而详尽,具有很强的说服力。

第三,以日本为代表的焦点归纳分析式。“二战”之后日本深受英美法系影响,在借鉴英美判决书适用法律说理的基础上,形成自己独特的风格,即先对庭审前及庭审中当事人无异议的事实和证据进行归纳,再列出双方争议的焦点,然后对每个焦点分别写明原告、被告的主张及证据,当事人的质证意见,最后是对

---

① 宋冰.读本:美国与德国的司法制度及司法程序.中国政法大学出版社,1998:471-489.

证据的分析认定及理由。具体表现为"原告诉称……，提供的证据有……；被告辩称……，提供的证据有……。原告提供的证据……被告予以承认，有争议的事实和证据是……法院认为……"。这种模式便于法官说理针锋相对，使判决书摆脱了空洞无力的不着边际的重复啰嗦，从而显得透彻而又简洁，易于理解；同时考虑并尊重了当事人的诉求和理由。

无论焦点归纳分析式还是证据分析归纳式都注重证据的列举说明、分析说理，通过对当事人主要事实争议焦点的概括以及围绕此争议焦点关键性和冲突性证据的列举、分析、认定，推出案件事实，在事实认定过程中体现出叙事加分析的风格，折射出诉辩审三方的视角，判决书很有说服力。

（二）法律适用模式

法官乃适用法律之官，任何国家都要求他们适用法律时必须说理，以约束他们的恣意行为。法律适用说理还是法官向当事人证明判决合法性的手段。在判决书论证中会呈现一定的模式，反映事实认定之后，法官如何选择法律的过程。同认定事实模式一样，不同国家有所不同，主要有以下三种。

第一，以法国为代表的直接引用法条式。法国坚持立法之上，相信立法完备无缺，法官被认为是"自动售货机"，不得创造法律，只需要将"包罗万象、详尽无遗"的成文法适用于千差万别的个案，得出结论。法国人相信"无助于案件解决，超出法律之外的论辩充其量不过赋予判决书一种诡辩外貌罢了。乞灵于经济学的、社会学的或者外交的种种考虑乃是混淆不同类型的辩论，并且埋没了健全推理的正确性"。[1] 同时，过分能动的法官在法国大革命后不得不收敛自己的行为，避免解释法律因此被指责任何造法的倾向，因此判决书采用直接引用法条式。判决书陈述的大致是法律规则、相关事实以及判决结论，法律规则直接作为判决理由而存在。不过这种模式已经受到越来越多的批评。人们建议判决书放弃以"鉴于……"形式开头的千篇一律的制作模式，主张法官应在判决书中说理论证，解释其判决原因，另外也不应该隐藏任何相关的考虑。[2] 也就是说，法官不仅要论证事实认定，还要论证法律适用，要在判决书中表现出来。

第二，以德国为代表的法律分析式。在大陆法系德国、意大利、芬兰和波兰，判决书适用法律时必须对法律概念以及法律概念之间的关系进行探讨，提供一种详尽的证明，在一个大前提下有多个小前提，而且前提之间构成一个等级序列，即前一个前提又由次级前提来证明。例如，法律规定"凡犯盗窃罪者处五年

---

① 茨威格特，克茨.比较法总论.潘汉典，译.法律出版社，2003：229.
② 茨威格特，克茨.比较法总论.潘汉典，译.法律出版社，2003：189-190.

以下有期徒刑,何为盗窃罪?盗窃是指窃取他人的动产为自己或他人不法所有。何为窃取?窃取是指乘人不备秘密移置动产,使其脱离原来财产监督而归于自己或他人持有的行为。何为持有?……"像这样不断追问每一个前提中概念的含义,以构成次级前提,直至将某一对象或事实归入能导致法律结果的构成要件,从而使说理显得逻辑清晰、层次分明,格外透彻。

例如,在德意志帝国时期,曾发生过一起蜂群袭击帝国军队一个马房,致使不少军用马死亡的案件。德意志帝国有关机关向法院起诉,根据《德国民法典》第八百三十三条(动物所有人的责任)第一句话的规定,请求该蜂群的所有人赔偿损失。但是,作为被告的蜂群所有人却根据该法条第二句话的规定:如果是家畜造成损害,而主人已尽看管义务,则主人可不承担损害赔偿责任,拒绝原告的赔偿请求。在此案审理中,法院必须对该法律规定中的"家畜"进行解释,也即这里的"家畜"是否包括"蜂群"。法院以语言的习惯使用为基础,认为"家畜"只是那些由主人看管且受主人控制的动物。由于蜜蜂不具备这种可能性,法院认定蜜蜂不是家畜,因此适用《德国民法典》第八百三十三条第一句话的规定,而不是该法条第二句话的规定,判令该蜂群的所有人赔偿损失。[①]

法律分析式是理性主义哲学和19世纪概念法学的共同产物。理性主义哲学相信真理在逻辑上自足完善,否认归纳推理、经验的可靠性,认为可以从一个不证自明的前提推出适当的结论,所以法律分析式是演绎的;而19世纪概念法学认为法律解释学有三个任务:第一,法律概念的逻辑分析;第二,将这个分析综合成为一个体系;第三,把这个分析运用于司法裁判的论证过程,所以法律分析式又是分析的。

法律分析式反映了从权威——服从方式向对话——服从方式的转变,选择"不容置疑"的法律,并公开向当事人论证自己的选择,便于法官适用法律时解释法律规则中的概念。概念以及概念分析不仅是司法推理的先决条件,而且是获得各种理性化判决的一种手段。尽管法律概念本身具有不确定性,最多的解释也无济于事,但是它表明法官的态度是开放的,愿意和不同意见者展开对话和交流,而通过对话产生共识是良性裁判必须具备的机能。

第三,以英美为代表的对话选择式。之所以被称为对话选择式是因为法官要在判决书中同四种人即律师、其他法官、死人即判例法与尚未出生的人即将产生的后果展开对话。法官通过一些个别先例开始他的判决过程,这些先例是当事人的律师向法官提供的自以为最切题的先例。在这些先例中,法官确定作为特定具体现实问题解决办法的某些规则。同时,法官也考察这些规则如何被其

---

① 董茂云.法典法、判例法与中国的法典化道路.比较法研究.1997(4).

他先例限制、扩大和改进,而后通过认真思考相关的实际问题,逐渐从这些规则中抽象出高层次的原则和准则。法官运用这些原则和准则对面前的案件推导出试验性的解决办法,然后针对相似案件的背景检验自己的解决办法是否合适,最终作出判决。

在英美法系国家,由于存在案件分工,陪审团负责事实问题,法官集中关注法律问题,这会为他们在法律适用说理方面赢得时间。在制作判决书时,法官着力发挥其在法律问题上论述的长处,避免在事实问题上无话可说的难堪。他们通常的做法是对双方有争议的问题进行归纳,分成几点,逐一分析,辨别可能出现的方案,包括当事人提出的方案,通过讨论,然后作出公开选择的理由,这些理由要比不选择的理由强,最后得出结论。法官的这些工作集中体现在判决书的"讨论"或"分析"部分。以英国1868年的赖兰兹诉弗莱彻一案为例。该案事实可概括为:①弗莱彻要建一个蓄水池;②他雇了一个承包人来建;③该承包人有过失;④弗莱彻本人并无过失;⑤由于建筑失误,水漏出来并淹没了赖兰兹的矿。上议院经过讨论分析认为,在以上各项事实中,仅①、⑤两项才是实质性事实,即一个人在自己的土地上储存了"危险的物体",在该物体逸出时,他就负有严格责任。因而判决弗莱彻要对水的漏出负有责任,而不管这一工程是弗莱彻本人所建还是承包人所建,也不管他本人是否有过失。[①]

对话选择式是经验主义哲学和判例制度的共同产物。经验主义哲学认为,不存在绝对的、具有普遍适用的真理,真理只是相对的,认识真理最重要的方法是归纳和证伪,真理产生于共识,共识源于平等的商谈;而判例制度要求法官不仅遵循先例,而且要辨别和区分,确立可以为后来法官引用的法律原则,所以该模式既是归纳的又是对比的。对话选择式一方面克服了法官单方选取的弊端,尊重了当事人的意见,缓和了法官和当事人之间的紧张情绪,另一方面避免了法官适用法律时无话可说的尴尬,做到了法律适用说理有的放矢,对解决法典冲突、法条冲突有着重要的意义。

在德国、英美的判决书中,适用法律时尤其是找不到合适的法律规则时,经常有大量的法律解释。法律解释是抽象事物具体化的过程,也是精英话语转化为普通话语的过程,是法律推理、判决书说理的重要体现。而法律解释在我国判决书中是少见的,判决书一般很少记载法律适用的理由,在认定事实之后通常是"据此,依照《中华人民共和国××法》第×条第×款之规定,判决如下……",严格地说,这是法官适用的法律,而不是法官适用法律的理由。判决书简单地宣告判决所依据的法律条款,只能表明判决一般意义上的合法性,而未表明个案的合

---

① 沈宗灵.比较法总论.北京大学出版社,1987:149-150.

法性和合理性,因为同一个法条可以适用千差万别的个案。而且,不是一切案件都能找到法律根据,在没有法律根据的情况下,法官又不能拒绝审理,必然寻求法外的标准,即使一切案件都能找到法律根据。在许多情况下,同一个案件可能涉及两个或多个相互矛盾的法律根据,因此法官判断的过程,不是将唯一的法条适用于具体案件的过程,而是一个选择过程。"法律规定的理由可能相互竞争,必须加以权衡。"①

不同模式反映了制度文化的差异,一个国家选择什么样的司法判决结构模式,与其政治经济制度、文化传统和审判制度分不开。作为特定制度的产物,每种模式有其自身的合理性,正如黑格尔所言"凡是合乎理性的东西都是现实的,凡是现实的东西都是合乎理性的",②例如,即使是法国的判决要旨和直接引用法条式,对于当事人没有争议的简单案件、同质化比较高的社会、素质比较高的法官,不会把简单的问题复杂化,从而提高司法效率,而司法效率是司法公正的重要保障,但它们的局限性也是显而易见的。例如,德国证据分析归纳式致使判决书越来越长,制作成本越来越高,不便于当事人与社会公众理解,而法律分析式并不能解决法律冲突的问题;日本焦点归纳分析式如果只是列出双方的争议,法官不进行深入的分析,那也没有什么特殊的意义;英美对话选择式,结构比较松散,缺乏逻辑性,如果争议焦点过多判决书制作就特别长,成本十分昂贵,法律门外汉能不能读懂又是一个问题。

因此,我们很难用一种单一的标准去评价一种证明模式的优劣,但说服当事人是不可或缺的。追求有说服力的模式是时下司法改革不可回避的主题,如果硬性规定采纳德国、日本、英国、美国其中一种模式,那么法官们在超负荷积案和审理期限的压力下无力应对,以至后来以增强说理为核心的判决书改革又退回原地。因此,问题的关键不在于采取哪一种模式,而在于针对案件的需要,灵活地借鉴有代表性的模式,清晰地反映法官的思维轨迹,增强判决书的说服力。

三、我国判决理由模式分析

(一)我国认定事实模式的分析

在我国,判决书涉及事实认定有两部分构成,一是经审理查明(写明法院认定的事实和证据),二是本院认为(判决的理由,再依据……的规定做出判决),我国的判决书往往在"本院查明"之后直接描述法院查明的事实,辅之以"经当庭认

① 史蒂文·伯顿.法律和法律推导论.张志铭,解兴权,译.中国政法大学出版社,1998:7.
② 黑格尔.法哲学原理.商务印书馆,1961:11.

证质证,认定的事实证据有……上述证据确实充分且能相互印证,足以定案"。我国这种事实认定模式可以概为"事实＝X＋Y＋Z",即证据罗列认定式,其中X、Y、Z代表证据,是不确定的变量。

　　判决书证据的采纳是法官单方选择的行为,排斥了当事人的观点,法官在自说自话;事实认定是以法官的评价为基础,而未涉及事实认定的论证,"假如法官的判决是以评价为根据的,而这种评价又不可能得到理性证立的话,那么至少在大量的案件中,某些实际存在的规范确信以及职业群体的决断,就构成了冲突调整之未经进一步正当化,也难以正当化的基础"。[①] 这种模式是不说理的,它既未阐明当事人证据与证据的差异,又未阐明法律事实与客观事实的不同。判断过多又未得到理性的证立,给人生硬和武断的形象,因此说服力不强,可能会受到越来越多的指责。

　　该模式的形成主要有以下几个原因:实行职权主义诉讼模式,认为法院、法官能作为客观公正的代表,并最终能发现事实真相,裁判案件就是向当事人和社会展示国家权力,无须说理;学理上坚持比较狭窄的判决理由含义——判决理由限于对裁判决定的法理分析,并不包括事实认定,[②]这种界定对于英美法系是合适的,但不符合我国的现状。当然,这与法官的专业水平也有很大的关系,任何法官都想撰写说理出色的判决书,只是法官心有余而力不足。

　　(二)我国法律适用模式的分析

　　我国的判决书一般很少记载适用法律的理由,通常是(在认定事实之后)"据此,依照《中华人民共和国××法》第×条第×款之规定,判决如下",严格地说,这是法官适用的法律,而不是法官适用法律的理由。现有判决书简单地宣告判决依据的法律条款,这种"直接引用法律模式"往往"只能表明判决一般意义上的合法性,而未表明个案的合法性",[③]或者说根本未表明个案的合理性,因为同一个法条可以适用千差万别的个案。

　　这种只引用法条的做法隐含着两个理论假设:一个是法律和事实一一对应。实际上,法律是抽象的,事实是复杂的;法律是静止稳定的,事物是变化发展的,加上人的认识能力的有限性和法律语言的局限性,法律与案件事实总有些差距。另一个理论假设是社会的同质化。一般来说,如果社会对一些具体问题看法相同或者没有形成通过辩论解决纠纷的机制,论证没有必要,因为这种论

　　① 罗伯特·阿列克西.法律论证理论.舒国滢,译.中国法制出版社,2002.
　　② 陈界融.论判决书内容的法理分析.法学,1998(5).
　　③ 唐仲清.判决书应确立判决理由的法律地位.现代法学,1999(1).

证无法沟通甚至能加深分歧。但随着社会的发展和法律人不懈的努力,我国社会已有了相当的异质化。无论社会大众还是法院内部对这种只引用法条的做法大有争议:如"庐州遗赠案"到底是适用婚姻法还是继承法?"王海打假案"能不能适用《消费者权益保护法》,为什么上级法院对两个相反的判决都做了肯定呢?

显然,不是一切案件都能找到法律根据,在没有法律根据的情况下,法官又不能拒绝审理,必然寻求法外的标准,即使一切案件都能找到法律根据,在许多情况下,同一个案件可能有两个或多个相互矛盾的法律根据,因此法官判断的过程,不是将唯一的适用的法条运用于具体的案件过程,而是一个选择过程。而我国的这种直接引用法条的模式没有说明法典冲突时选择的理由,没有说明规则冲突时选择的理由,没有说明规则与原则相冲突时选择的理由,没有说明原则与原则相冲突时选择的理由。"法律规定的理由可能相互竞争,必须加以权衡。"①我国有些判决书没有显示对法律的权衡以及对权衡的说明论证,没有说明法律冲突时法官作出选择的理由,因此看起来总是说理不够和不透。

从根本上说,这是立法和司法制度的产物。在我国三大诉讼法以及相关法律中,惟有《民事诉讼法》第一百三十八条规定,"判决书应当写明判决认定的事实,理由和适用的法律",这与其他国家普遍确立判决理由的地位极不相称,而且从最高人民法院公布的判决书样式来看,"一是经审理查明(写明认定的事实和证据),二是本院认为(写明判决的理由,再依据……的规定做出判决)",这容易使法官误解适用法律是不需要说明理由的。

第四节　判决书主文部分的说理性

所谓"主文",就是法院针对案件中当事人的请求、争议所作出的审理结论,是对当事人权利、义务的安排。而"正文",是除"首部"与"尾部"以外的部分,一般包括"事实、理由和主文"。我国判决书主文不说理内容上主要表现为:超出当事人请求范围而作出判决。既然是对当事人争议的结论,就应该针对他们的请求予以回答,各项请求无论重要与否。作为当事人诉求的回应,作为当事人权利义务安排的依据,判决书要求写得明确、具体、没有歧义、便于执行。而我国的判决书涉及多项请求时,如在赔偿案件中有医疗费、护理费、营养费、生活费、抚养费,主文经常出现遗漏或者只写一个总数,使当事人难以了解数额的来源和构成,也不便二审中的分项审查和分项执行。我国判决书主文不说理不仅与我国

---

① 史蒂文·伯顿.法律和法律推导论.张志铭,解兴权,译.中国政法大学出版社,1998:7.

立法不够健全有关，而且与我国判决书的结构有联系。从主文的外部结构即"主文"的位置来看，我国判决书结构具有不合理性，不利于判决书说理。

一、关于判决书主文位置的考察

主文的位置，世界上存在两种模式：一种是"主文—事实—理由"模式，实行这种模式的有日本、德国、瑞典、奥地利等大多数大陆法系国家。另一种是法国、俄罗斯和我国实行的"事实—理由—主文"模式，即将"主文"放在"事实、理由"之后。

（一）"事实—理由—主文"模式

法国判决书的主文写在判决书的后面。法国《新民事诉讼法典》第四百五十四条规定判决以法国人民之名义作出，判决应当包括以下事项："作出判决的法院；对案件进行评议的法官的姓名；判决的日期；检察机关代表的姓名，如其参加了案件的法庭辩论；书记员的姓名；各方当事人的姓名或名称、字号以及他们的住所或者总机构住所地；相应场合，各律师的姓名，或者代理或协助各方当事人的任何人的姓名；非讼案件之判决，应当向其通知判决的人的姓名。"第四百五十五条："判决应当简要表述各方当事人的诉讼请求以及各自提出的理由；判决应当说明理由。判决以主文形式写明所作的裁判决定。"①

据此，可知法国判决书的主文是写在后面的。但法国判决书的弱点是过于简洁，说理性不够，具有"霸王"认定的意味。"在比较各法圈判决书的撰写方法时，法国判决书所具有的异乎寻常的简洁总会令人瞠目"，"根据孟德斯鸠的主张，法官只不过是'法律的宣示者'，所以，法官作为宣告法律的机器，指明所适用的法律条文便已足矣"，②需要指出的是，法国的《民事诉讼法典》生效于1807年1月1日，由于该法典脱胎于1667年关于民事诉讼程序的敕令，许多制度和规则都带有旧敕令的"痕迹"，尽管《法国民事诉讼法典》与《法国民法典》共生于同一时代，但其质量或影响远不及《法国民法典》。原因在于：《法国民事诉讼法典》的起草人水平较低且法典又是匆匆草就之作，故很难确保质量。③ 另外，该法典经过1976年的修订，命名为《新民事诉讼法典》，但总的来说新法典没有什么新意，结构与旧法典相同，主文的位置亦无变化。

---

① 法国新民事诉讼法典.罗结珍,译.中国法制出版社,1999:90.
② 大木雅夫.比较法.范愉,译.法律出版社,1999:273-274.
③ 沈宗灵.比较法研究.北京大学出版社,1998:112.

法国、俄罗斯和中国将主文放在后面,认为这种安排更符合审理的逻辑过程,因为先有起诉、答辩,再有查明事实、适用法律,最后才产生裁判结果,而且让当事人了解审理过程至接受裁判结果,心理上比较容易接受。

(二)"主文—事实—理由"模式

与法国判决书主文写法不同的是德国法院的判决书的主文放在前面。《德国民事诉讼法》第三一十三条(判决书内容):①判决书应记载:当事人,其法定代理人与诉讼代理人;法院参与裁判的法官的姓名;言词辩认终结的日期;判决主文;事实;裁判理由。②事实项下,应特别表明提出的申请,兹简略地叙明提出的请求以及所用防御方法的主要内容,因案件和诉讼的不同情况,应该引用书状、记录和其他文件。③裁判理由项上,应简略地记载从事实和法律两方面作出裁判的依据的论据。① 德国法院的判决书是首次将主文放到前面的,开创了大陆法系判决书写法的先例,是一个创造,不仅主文的写法与传统写法迥异,而且判决书的内容说理性强,具有严密的内在逻辑,一份判决书就是一篇学术论文。因此,德国的判决书受到学术界的好评。日本比较法学者大木雅夫在描述德国判决书时写道:"从根本上,在潘德克顿法学的熏陶下培养出来的实务家们,频繁引用学说,并撰写内容可与论文相媲美的判决书。用罗森的形容来说,法国的判决书是简洁而枯燥无味的、宛如证书字据之类的东西;英国的判决书是与生活紧密相连的洋溢着生命与色彩的散文;而德国的判决书介于二者之间,可以学术论文为其特征。"②

《日本新民事诉讼法》对判决书主文的写法规定是最明白的,不像法国的民事诉讼法的规定很模糊,如不仔细分析,看不出主文的位置在何处。《日本民事诉讼法》第二百五十三条〔判决书〕第一款判决书应当记载下列事项:①主文;②事实;③理由;④口头辩论的终结之日;⑤当事人及法定代理人;⑥法院。该判决书第二款:在事实的记载中,应当明确请求,并且指出表示主文正当所必要的主张。③ 由上可知,日本的判决书条理清楚,便于操作,不同之处是当事人及法定代理人放到后面,显得不伦不类。

二、我国判决书主文前置的分析

长期以来我国法院的判决书主文都写在判决书的最后,这仿佛天经地义,顺

---

① 德意志联邦共和国民事诉讼法.谢怀拭,译.中国法制出版社,2001:76.
② 大木雅夫.比较法.范愉,译.法律出版社,1999:279-280.
③ 日本新民事诉讼法.白绿铉,编译.中国法制出版社,2000:94.

理成章。通过上述一般考证，大陆法系国家判决书主文除法国外，现代大陆法系国家如德、日等国将判决书主文写到前面。大陆法系多数国家为什么要将主文写在前面？是否立法者标新立异独出心裁？现在就主文写到判决书前面的合理性作如下探讨：

1. 主文放在前面属名实相符。主文，即主要之文，"主"即"首"的意思，辞书上解为：①主考；②主考官；③判决书记载判决结论的文字。这是判决书最重要的组成部分，不涉及结论据以推出的前提（法律条文和事实）。① 现在我们写文章的"关键词"或"主题词"均放在前面，如果放在后面就不叫"主"了。判决书的主文顾名思义，它是判决书的最主要的部分，理所当然应当放到首部，这才名实相符。

2. 主文放在前面符合当事人的阅读习惯和企盼心理。主文放在后面，"让当事人了解审判过程渐至接受裁判结果，心理上比较容易接受"或者说"无论主文位置如何，在先还是在后，要么取得首因效应，要么取得近因效应"，② 两者都是基于如下理论假设：当事人按顺序阅读判决文本，而事实上当事人一般先阅读判决主文，因为从当事人心理需要来说，他们最关心的是判决结果，其次是对这一结果的证明。我们知道，当法院送达当事人判决书时，当事人最渴望的是判决结论即判决书主文，按着习惯做法往往是略过前面的所有内容翻到最后一页，看完结论后再从头阅读。这就给我们提出一个问题，为什么要给当事人制造阅读和心理障碍？放在后面的合理之处何在？

3. 主文放在前面符合案件从审理到判决的内在逻辑。从法院审理案件的过程也可以看出主文放到前面的必要性和逻辑性。某一起案件从原告起诉→被告答辩→开庭审理→判决。从这个程序上看，判决书主文写到前面自有渊源，顺理成章，没有唐突和意外之感。另外，从思维的一般逻辑的角度讲，先确认判决结论"是什么"，再解决"为什么"的问题，即为什么要这样判，判决的事实理由和法律依据是什么。"心理学家告诉我们判断的过程很少是从前提出发继而得出结论的。判断的起点正与之相反——先形成一个不很确定的结论，一个人通常是从结论开始，然后去发现用以导致该结论的前提。"③ 在审判中法官不断地选择法律裁减事实，这不仅符合法官的认识过程，而且符合人类一切判断顺序。法官的决定的确通过预感而不是三段论逻辑推理。撰写判决书如同写一篇文章，总是先有论点然后才有论据和论理。再则，主审法官在起草判决书时，此时的裁判

---

① 辞海.上海辞书出版社,1989:1353.
② 孟昭兰.普通心理学.北京大学出版社,1997:573.
③ 博西格诺.法律入门.邓子滨,译.华夏出版社,2002:27.

结论已经合议庭研究决定了,所以将结论(主文)写在前面符合事物发展的自然过程。法官起草判决书一是对案件争议焦点进行归纳,对有些事实进行梳理,对有些证据进行厘定,对合议庭的意见给予理性阐释,并且也是对前诉讼过程的回忆,因此将主文放到前面符合情理。判决书就是一篇论文,他的论点就是判决结论。判决书内容就是要围绕主文从事实和法律来论证判决的合理性、正确性。因此,有的判决结尾称:依上论断,并依×××法条之规定,特为判决如主文。只有这样,一篇文章有论点,有论据,首尾呼应,才符合文章写法。为什么采用"事实—理由—主文"三段论的形式? 这是因为"精明的法官,在已经做出决定的前提下,劳其筋骨,苦其心智,不仅要向自己说明直觉是合理的,而且还要使直觉经受批评苛责"。①

4.主文放在前面不致使判决书内容离开主文(主题)。判决书的主文相当于文章的标题,判决书的内容应当围绕题目去做,譬如判决书主文是:①买卖合同有效,被告应承担违约金××元;②原被告双方签订的合同继续履行等。法官将主文写在前面后,首先应是围绕合同的效力草拟判决书内容,如叙述完原被告起诉和答辩意见后,法院在事实部分应叙述合同签订的时间,合同内容,实际履行情况,有关合同履行情况双方提交的证据,对这部分证据的质证情况;在叙述完这些事实后才能进行下一个主文的事实叙述,在事实部分条分缕析地写完之后,再写理由。只有这样,才能使判决内容和主文环环相扣,丝丝相连,才不会使判决书在叙述查明的事实的时候,漫无边际,将所有的庭审材料全都写上,成了毫无目的流水账。判决书的内容要时时和主文照应,否则就离题了。这不仅造成诉讼资源的浪费,而且当事人也看不明白,社会效果不好,也影响法院的形象。总之,实行"主文—理由"模式,不仅方便判决书的执行,而且与"事实部分"的原告诉求相照应,直观反映出法官是否超出当事人请求范围进行判决,是否对其请求一一作了回答,从而增强了判决书的说理性。

总之,判决书主文写在前面是合理的,也是符合大陆法系国家判决书惯例的。判决书主文应写在判决书的首部,这样做不仅符合主文之本义,亦符合人们的阅读习惯和企盼心理,并且符合形式逻辑和大陆法系国家之习惯做法。

第五节　判决书尾部的说理性

判决书制作不仅是宣示国家权力的过程,更是向当事人、社会论证判决合法性合理性的说理过程,只有真正的主体、真正的说理主体才具备署名的资格。而

---

① 博西格诺.法律入门.邓子滨,译.华夏出版社,2002:29.

判决书说理的主体应该是参加法庭审判、制作判决书论证判决结论的法官。不同的署名形式有不同的成因和影响,借鉴制作人署名形式,突出说理者的主体地位,同时实行文责自负,才能更好地增强判决书的说理性。

一、判决书署名形式及其成因

依据不同的标准,判决书的署名形式可以进行不同的分类,其中最有价值的分类应该是以主体为标准的,大致有如下几种:第一种是不署名形式,如法国、比利时、卢森堡、荷兰、西班牙和葡萄牙等国家规定,法院的判决书以法院的名义出现,[①]不署法官的姓名和意见;第二种是以德国、日本和韩国为代表的法官署名形式,例如,《韩国刑事诉讼法》第四十一条规定"裁判文书应当由裁判的法官签章",不论法官所持意见或支持或反对;第三种是我国审判人员署名形式,例如我国《刑事诉讼法》第一百六十四条规定"判决书应当由合议庭组成人员和书记员署名,并且写明上诉的期限和上诉的法院";第四种是英美法系国家判决书撰写人署名(签名)形式,但不加盖公章,实行文责自负的原则。

几种署名形式最主要的区别在于大陆法系国家更强调判决书的权力性,突出判决的审理者,要求法院加盖公章;而英美法系国家更强调判决书的个性,突出判决书的制作人,判决书只需加盖法官个人的印章。因此,大陆法系案件的判决者和制作人关系是隐性的,或者判决者和制作人都不署名,或者判决者和制作人都署名,外界并不知道判决书的说理者;英美法系判决者和制作人关系是显性的,首部显示本案的判决者,尾部显示判决书的制作人。即使在大陆法系国家之间,判决书署名形式也有区别,存在不署名、法官署名和审判人员署名的差异。例如,在我国如果是合议庭审判的案件,判决书则由审判长、陪审员、代审员或审判员和书记员署名,这与大陆法系德国不同。德国判决书中只有法官署名,陪审员、书记员不在其列。但是大陆法系国家都认为法官只是代表法院行使国家的审判权力,只不过法国、比利时等国家做得更为彻底。当然独任庭制作的判决书如果署名,大陆法系和英美法系没有什么不同,因为此时的制作人当然就是判决者。

一般来说,判决书的风格,包括结构方面的风格,例如大陆法系国家判决书结构一般格式化、规范化,英美法系国家的判决书比较自由、松散,浓缩了诉讼程序制度、司法制度,以及构成司法制度运作环境的各种经济、政治、文化因素。同一国度判决书的结构也有所差异,并非千篇一律,随着审理案件的法院和被审案件的审级升高而不同,但"判决书的个性从总体上取决于一国司法制度和诉讼文

---

① 唐文.法官判案如何说理.人民法院出版社,2000:15.

化对于法官自由裁量权的容许度"。①

　　署名形式作为判决书结构的一部分也有其背后的因素。英美法官实行严格的个人责任制,法庭虽亦采用合议制,实行少数服从多数的原则,但判决书上必须载明参加审判的各位法官的个人意见,并且要由个人签名负责。判决书事实上就是各个法官个人的意见书,而大陆法系的成文法传统决定了法官只能机械地适用法律,法院作为一个整体来裁断案件,判决书也是以法庭、法院的名义制作,不需法官个人署名,外界亦不知道各位法官在判决表决时所持的立场,这有利于保证评议的秘密性和安全性。

二、判决书署名资格——说理主体

　　不同的署名形式有着不同的成因和影响,我国应该采用哪种形式,选择的标准最重要的是有利于增强判决书的说理性。影响判决书的说理性因素有很多,著名的社会心理学家霍夫兰(C·Hovland)提出了一种以信息交流为基础的说理模型,他认为说理是一个全面的综合的体系,包括说理者、听众、说理的环境和说理的方式。在说理过程中,"说服者、信息传递方式、被说服者、情境"都是至关重要的,听众会不会在接收信息之后改变原有的态度,说理者本身是一个很重要的因素,包括他的专业性、可靠性和吸引力。② 判决书制作不仅是宣示国家权力的过程,更是向当事人、社会论证判决合法性合理性的说理过程。在其他因素如信息传递方式、被说服者和情境不变的情形下,说理者就显得至关重要,而说理者魅力离不开署名之展示,署名激励说理者彰显自己的才能,从而判决书越有说服力。且只有真正的主体、真正的说理主体才具备署名的资格。何谓判决书说理主体?

　　笔者认为判决书说理主体是参加法庭审判、撰写判决书论证判决结论的法官,关于这一界定需要如下补充和说明。

　　首先,判决书说理的主体是人。主体之所以成为主体有两个条件:第一,主体不能与客体区分的时候,主体决不能独立出现;第二,主体不固有主观性,便不成其为主体。人要作为主体而同客体相区分开来,必须具有自我意识。③ 按照上述条件,判决书说理主体是人,而不是合议庭或法院,审判委员会、法院只是一个组织一个机构,不具备推理、说理的思维能力,它们"说理"最终通过庭审法官完成。这就是当我们遇到判决书不讲理时总是首先指责法官最后指责法院或合

---

　　① 哈里·爱德华兹.爱德华兹集.傅郁林,译.法律出版社,2003.

　　② 申荷永.社会心理学原理与应用.暨南大学出版社,1999:111-112.

　　③ 舒伟光.科学认识论的总体规划.吉林人民出版社,1993:178.

议庭的原因,这也是我们致力于法官培训、提高法官素质从而增进判决书说理的缘起。

其次,说理者必须具备法官资格。一些人士包括法学者,他们评说案件尽管头头是道、对判决书的说理能起到舆论监督的作用,也包括陪审员和书记员,他们可能具备相当的法律知识和思维,由于不具备法官资格,并不是判决书的说理主体。在这种意义上,由陪审员制作判决书是错误的。

再次,如果我们承认庭审至关重要而不是走形式,判决结论是在庭审过程而不是调查阶段中形成,那么,即使是法官若没有参加庭审实践,也不是判决书说理的主体,因为没有庭审所带来的内心确信就无法论证判决。因此,没有参加庭审实践的审判委员会成员署名,即使是为了反映案件判决的真实情况,体现审判委员会的集体意志,对于要求说理主体署名的制度,也是不合适的。

最后,这也意味着参加庭审的法官不一定就是判决书的说理主体,他们是判决的说理主体,凡参加庭审的法官都应该对案件进行分析推理和论证,判决的说理主体和判决书的说理主体有联系但不同。参加庭审的法官只是判决书可能的说理主体,要成为现实的说理主体,除参加庭审外还需要一定条件,这一条件就是判决书撰写之实践。显然,判决书的说理主体不一定就是一人,撰写不同意见的法官也是判决书说理主体。有人将说理主体分为形式主体和实质主体,主审法官行使职权时"审判合一"者当属说理之实质主体,而"只审不判"者乃说理之形式主体。① 这种分类是不恰当的,它忽视了判决说理主体与判决书说理主体的区别,忽视了判决书可能的说理主体与现实的说理主体的区别,且说理之"形式主体"是目前司法改革的重点对象。

人是变成主体的,并且成为主体的个人还可以变成非主体的人,人与主体之间的联系是有条件的。② 一个人要成为判决书的说理主体需要一定的条件,这便是具备法官资格、参加庭审实践和撰写判决书。

三、判决书署名形式说理性之分析

署名形式作为特定制度的产物,服务于特定的社会,有其自身合理性,但并不妨碍我们对不同署名形式的判决书说理性进行探讨,比较、分析其中的差异有助于我们进一步了解判决书署名形式的功效。我们发现署名形式与判决书说理性之间有很大关系,一般来说,制作人署名形式判决书的说理性最强,审判主体署名形式判决书次之,不署名形式判决书的说理性最弱。

---

① 唐文.法官判案如何说理.人民法院出版社,2000:14.
② 舒伟光.科学认识论的总体规划.吉林人民出版社,1993:178.

（一）不署名形式

有人基于如下理由主张我们学习法国实行不署名形式：①署名不符合世界成文法系裁判文书制作发展的潮流；②审判人员署名与审判人员实际履行的职责不符时，不符合实事求是的原则，不利于错案追究制度的落实；③署名不利于严肃执法，为说情送礼、打击报复提供了方便；④不署名不影响裁判文书的公正性和权威性。[①] 显然，并非所有大陆法系国家的判决书都不署名，即便是大多数国家不署名也不代表是正确的选择；定案者与署名者不符是客观事实，不过正是当下司法改革的目标；即便判决书不署名当事人也能知道审判人员的姓名；忽视了判决书署名的激励作用。当然，如果在高度同质化的社会中判决书不需要说理，或者在高度法治化的社会中法官能自觉地说理，实行不署名形式也是一种不错的选择。

（二）集体署名形式

集体署名既包括德国和日本为代表的法官署名形式，又包括以我国为代表的审判人员署名形式，它能表明案件实行合议庭审判、人民陪审制，不过这种简单的表明完全可以在首部代替。

这种集体署名的形式并不表明判决的一致性，有足够理由认为合议庭内部常常存在分歧。事实上，任何判决都是或者说都应当是民主集中制——少数服从多数的产物。这种集体署名形式并不能增强判决书的权威性，因为判决书的权威来源于法律的规定和它充分的说理。

更重要的是，集体署名形式造成判决书说理主体不清：判决书的说理者是法院是合议庭还是某个人，是审判长还是审判员，外界并不清楚。这是一种极不尊重知识产权的制度。在这种制度下，一般来说，法官没有多大动力将自己的观点细致地表达出来，因为产权不明确，精心撰写司法判决的法官从自己的额外努力中既不能获得额外的物质利益，也无法获得额外的精神利益。[②] 于是，合议庭将判决书的制作、说理交给某个高水平的法官，而低水平的法官坐享其成、不思进取，这不利于法官整体素质的提高，或者将判决书的制作、说理视为头痛的苦差，交给某个低水平的容易摆布的法官来作，而他的说理能力直接影响到社会对整个合议庭、法院的评价。这种"有福同享、有难同当"的说理模式很容易堕入"一个和尚担水吃，两个和尚抬水吃，三个和尚没水吃"的境地，最后大家都不愿意说

---

① 韩涛.法院裁判文书不宜署审判人员的姓名.法律文书与行政文书.1998(3).

② 苏力.判决书的背后.法学研究,2001(3).

理、都不说理。

虽然我们很难说德国判决书不说理,但大陆法系国家判决书"无论是说理之充分、分析之绵密、涉猎之广博甚或是文采或风格都只能望英美法官之项背。"①

德国的判决书说理之所以不同于其他大陆法系国家在于:德国人长期的思辨传统,德国"二战"深受美国影响,德国法官与学者联系较多,这些在不同程度上影响着德国判决书的说理性。

集体署名是不是法官独立的体现?是不是法官权力的象征?显然目前的体制下,法官即使不同意判决结果也必须署名,他们是不是独立的、有什么样的权力,我们抱有怀疑。英美实行撰写人署名,他们的法官是独立的,而且更有权力。

集体署名是对其他法官的约束,不集体署名会不会导致法官的腐败?署名方式并不必然与腐败有关系。

(三)撰写人署名形式

判决作出和判决书制作的关系是实行制作人署名的形式的前提。二者有联系,判决书制作是建立在判决作出的基础上;判决书制作人不仅是判决者之一,而且是法官,是持多数意见的法官。两者又有所不同,前者是法官审判行为,行使国家权力的行为,是判决者的行为,后者是法官说理的行为,满足当事人知情权利的行为,是制作人的行为。判决的作出和判决书的制作可以分开,判决的作出、判决的对错归责于判决者,判决书的制作、判决书的说理归责于制作人,也就是说文责自负。

制作人署名形式,文责自负是约束法官不可或缺的手段,加盖公章以体现法律效力,首部表明审判者的人数和身份,一方面与其他参与人相呼应,另一方面把法官提高到很高的位置,尾部制作人署名不仅尊重制作人的知识产权,而且有利于确立法官判决书说理的主体地位。承认法官判决书说理的主体地位,在一定意义上,就是承认法官在审判中的独立地位、在司法中的核心地位。从而法官有动力和压力来着力制作出色的司法判决书,增强判决书的说理性:对于一个法官来说,制作一份出色的判决书,就会受到当事人、社会和法院的好评,甚至意味着青史留名,长期为后人引用,为学者研究,成为经典判例;判决书说理如何,充分与否,外界评价直接关系到制作人的声誉。制作者必须不断补充法学知识,不断提高逻辑分析能力,尽自己最大的努力去说理,避免当事人、社会大众以及法律职业共同体的指责。

---

① 苏力.判决书的背后.法学研究,2001(3).

承认法官判决书的主体地位,还有利于摆脱目前判决书说理"一个和尚担水吃,两个和尚抬水吃,三个和尚没水吃"的尴尬,判决书说理再也不是"有福同享、有难同当"。同时,制作人署名形式并不有减于判决书的法律效力,否则,英美法系制作人署名的判决书就难以执行,而我们的独任制也会失去存在的意义。

四、余论

(一)关于签名形式

一些法院就一改过去打印形式而代之以签名,这是一项很不错的改革,对加强法官责任感是有益的,是借鉴英美判决书撰写的产物。不过,我们恐怕学到的只是英美的形式,英美签名形式是和撰写人署名、突出说理者的主体地位联系在一起的,同时实行文责自负的原则。我们经常根据事物表面形式加以取舍,犯了一种简单的普遍主义的错误,苏力先生提醒我们:"制度以及制度的有效性总是同条件或语境相联系的;在一个地方有效的制度在另一个地方并不必定有效(当然也不必定无效),反之亦然。因此,重要的不是要不要追求事物的普遍性和统一性,而在于首先要发现事物本身是否真的具备普遍性。"在此,我们看到了沃森所称的一种"移植偏好"(transplant bias):"规则之可能被采纳,经常并非因为它们内在大的优点,而是因为它们的渊源,因为它们发源的国家。这种偏好的优势依赖于语言的相似性,该外国法律体系的声望和质量,获得其法律资料的容易程度,以及该国的政治经济努力。"[①]

我们并不反对这项改革,反对的只是没有精神内容的"形式主义",盲目地照搬西方"先进"的做法在当前大有市场。笔者认为签名应该是撰写人的签名,是负责任的签名。

(二)关于审判委员会署名形式

审判委员会署名以及署名者之间的分工,它的改革意义一如一些作者所言,是显然的。但它忽视了判决书真正的说理主体,至少没有突出真正的说理主体,判决书署名依旧主体不清,依旧是一种极不尊重知识产权的制度,不能更大限度的调动说理者的积极性,从而增强判决书的说理。

判决书的制作人、审核人、签发人、不同意见者在判决书上签名,不仅突出了判决书的说理主体,尊重了撰写人的著作权,而且前者从审核、签发的角度规范

---

① 伯恩哈德·格罗斯菲尔德. 比较法的力量和弱点. 孙世彦,译. 清华大学出版社,2012:83.

了说理者的义务,不同意见者的签名还与不同意见的展示、判决的公开紧密联系在一起,对增强判决书的说理性有着重要的意义。

(三)关于判决书制作或撰写

本书多处提到判决书制作、制作人而不是判决书撰写、撰写人,是基于如下考虑:制作是按照客观规定性,即必须按照客观存在的案件事实、有关法律以及格式制作,而撰写则带有主观随意性,是按照写作规律进行的创作活动。判决书只能依法制作而不能主观随意去撰写。在实行文责自负的英美法系,判决书结构比较松散,要点化而非格式化,为法官写作判决书留下了自由的空间,因此,说法官撰写判决书还是恰当的。

第五章 我国判决书文本结构及其说理性

判决书首部、事实部分、判决理由、主文、尾部毫无疑问是判决书的固定结构,是通过法院规范性文件确定下来的,指导全国法官撰写判决书。随着判决书说理的加强,法官并不满足判决书规范性结构,一些法院开始尝试新的举措提高判决书的说理性,在判决书中公布合议庭的少数意见,在判决理由之外附带法官后语。对这些新的文本结构进行研究,正确运用这些新的举措,有利于促进判决书说理。

第一节 少 数 意 见

少数意见是合议庭多数意见的对称,是在法庭评议中少数裁决者所表达的关于案件逻辑分析和结论的言词。少数意见又可以分为并存意见和不同意见,前者是指在结果一致时对判决的推理部分或前后逻辑表示异议,后者是指多数意见判决结论的反对者。

一、少数意见制度概述

(一)少数意见公开之比较

在普通法系国家,司法判决书广泛利用并展示不同意见。当然也有例外,比如说英国如今上院倾向于只发布一种意见。

大陆法系国家情况比较复杂:在传统上,司法判决书只展示一种意见,如今情况已有变化,除法国和意大利外,多数国家的司法判决书都出现了不同意见。但是大陆法系国家允许不同意见的情况有很大差异。在一些国家如阿根廷、芬兰和瑞典的司法判决书中,对不同意见的展示相当充分。阿根廷、芬兰和瑞典的做法与美国法院的做法非常接近。在德国,不同意见一般只出现于宪法法院的判决中。少数意见公开已经成了现代司法公开、司法民主的潮流。在我国,判决书的结构中少数意见的展示是不常见的。

对待少数意见的做法很大程度上依赖于文化的选择。张志铭先生将这种文化因素概括为三种:一、坚持民主的司法运作模式的程度;二、法官对自己在判决制作中的实际作用所负的道德和政治责任;三、一种排斥可能出现的不同意见的关于法律真理的观点。① 如公布少数不同意见社会会从中获益吗?少数意见的公开会影响判决的权威吗?少数意见的公开表达是否影响法庭的公正裁决?一般来说,司法越民主,法官的政治、道德责任越强,少数意见越常见。

(二)少数意见制度的争论简介

少数意见制度发端于英国,兴盛于美国,流行于英美法系,当今不少的大陆法系国家也实行这一制度,这一制度从一开始就饱受争议。英美法学界曾经就少数意见制度展开争论,争论的焦点主要是少数意见制度是否破坏了法的确定性、法的权威性以及法院的团结,反对者认为少数意见是对法的确定性和法的权威的损害,把法院内部的团体性给破坏了,是一种无用的行动,是错误的意见,是对合法性的一种挑战。

日本"二战"后进行民主改革,在其最高法院实施少数意见制度,法律界就此展开争论。反对者认为,少数意见制度并非源于大陆法系的法制传统,而是继受英美法律制度的结果,与整个大陆法系的母体不协调,应予以废止,其具体理由主要有:①将法院意见的分裂公之于众,会损害法律的安定性,也会降低民众对裁判的信心;②如果将法官之间意见的分歧公之于众,将损害法院的权威,少数意见制不仅会削弱先例的约束力,也会降低法院整体的威信;③少数意见在转变为定型化的判例之前,容易诱发同类诉讼,招致滥诉;④少数意见制往往有被不当利用的可能,例如故意宣泄个人情感,刁难不同意见者,甚至提及特定法官的名字,肆意谩骂;⑤少数意见对多数意见进行攻击时,经常歪曲夸大多数意见的判旨,而被曲解的多数意见可能以判例形式继续存在,并被一般化。②

在德国,有关是否应该公开法官个别意见的讨论可以追溯到19世纪末叶,在20世纪60年代达到高潮。1968年,在纽伦堡召开第47届德国法律人大会,以"是否适宜在德国诉讼程序法内准许公布持不同见解的法官的不同意见书"为题,进行了广泛的讨论。从总体上看,德国学者对于判决书中公布少数人意见的利弊之争主要集中在三个方面:即是否违反法官的独立性,背离评议秘密原则;是否影响法院的威信与声望;是否破坏合议庭的和谐与完整性。③

判决书是否应该公开少数意见,在我国学界也存在争议,争议主要围绕着以

---

① 张志铭.法律解释操作分析.中国政法大学出版社,1999:207.

② 刘风景.不同意见写入判决书的根据和方式.环球法律评论,2007(2).

③ 张泽涛.判决书公布少数意见之利弊及其规范.中国法学,2002(2).

下几个方面展开:其一,公开少数意见是否削弱了判决书的说服力,降低了判决书的权威性;其二,公开少数意见是否有可能造成部分法官产生畏惧心理,丧失独立性;其三,公开少数意见是否有可能造成部分当事人的误解,引发他们盲目上诉,甚至无理缠讼;①其四,公开少数意见是否影响法的确定性。一些学者担心法官分歧体现在判决书中,势必增大法的不确定性,他们认为"一件事情在怎么说都可以的时候,法官的观点就是正确的吗? 多数人的观点就是正确的吗? 面对法官的分歧,当事人会不会感到迷茫? 在法官都不能确定的时候,法律本身的稳定性及确定性存在吗?"②另外,还有一些学者担心公开少数意见不利于法官之间的团结。法官少数意见公布后,必然引来议论,甚至非议,尤其一些有影响的案件,还有可能带来哄闹。这样就有可能影响法官之间的团结。③

(三)少数意见公开性质的考察

少数意见制度起源于英国。英国的王座法院、民诉法院、财务法院,合议庭中的法官有权在判决书中表示各自的意见。后来,过去与英国有关联的国家,如澳大利亚、南非、加拿大、美国,受英国的影响,都实行类似的法官意见表示制度,公开少数意见是法官的权利。这种权利可以放弃,甚至交易,例如在 California Migration 案件中,大法官 James Bymes 向首席大法官斯通许诺不参与反对意见,以州际贸易条款为依据,他得到的回报是允许他制作法院的一致意见书;这种权利需要节制,当法官的良知在严格的自我检视下,仍禁止他附和多数派的观点时,才有必要提出不同意见。正因为如此,公布不同的意见,法官更觉得是一种责任,例如,1905 年 Holmes 法官在 Lochner v. New York 案件中提出不同意见,他带着歉意地说:"我真诚地表示遗憾,我不能同意这个案件的判决,并且我认为我有责任表达出我的不同意见。"④

在大陆法系国家少数意见制度的性质比较复杂。阿根廷、芬兰、瑞典、瑞士、德国等国家的最高法院或宪法法院改变了传统的做法,开始对解释论点或判决理由予以充分阐述,坦率承认并公开处理法律解释的争议,相当充分地展示不同意见,它们的做法已与美国最高法院非常相近,法官有权在判决书中公布其不同意见。德国的洛普(Rupp)说"持不同意见的少数法官,只有在判决涉及基本的主要的法律问题,且作为法官的良知即使在严格的自我检视下,仍禁止他附和多

---

① 刘澍,张洋.合议庭少数意见之公开理论与公开方式初探.海南大学学报,2002(4).

② 丁一鹤.法官分歧写进判决书 要公信力还是要权威性[EB/DL].(2005-08-30)[2023-11-1].http://homelife.scol.com.cn/2005/08/30/1315135367.html.

③ 高洪兵.司法改革的理论与实践研究.人民法院出版社,2004:275.

④ 威廉・L・雷诺德.Judicial Process.法律出版社,2004:18.

数观点时,才有必要提出不同意见书"。① 在另外一些国家,公布不同意见仍是法官的义务,日本法院法第十一条规定"各法官必须在裁判书上表示自己的意见";匈牙利宪法法院法要求对受理的案件不仅要公开多数意见还要公开少数意见;②在波兰,少数意见制度采用当事人申请制,申请则公开,无申请则不公开,③公布少数意见是法官的义务。

大多数区域性法院和国际性法院,都要求公开少数派法官的意见。如《国际法院规约》第五十七条规定"判词如全部或一部分不能代表法官一致之意见时,任何法官得另行宣告其个别意见";《国际刑事法院罗马规约》第七十三条规定:"法官应设法作出一致裁判……在不能取得一致意见的情况下,审判分庭的裁判应该包括多数意见和少数意见。"公布不同意见仍是法官的义务。

一个国家实施何种性质的少数意见制度,一般取决于以下几个因素:主要司法目的、少数意见制度赞成力量的主要来源、政治体制和历史传统。

1. 主要司法目的

一个国家司法目的是多种多样的,主要包括司法独立、司法民主和司法公正,但这些司法目的在不同的国家有主次之分。主要司法目的的差异会影响少数意见制度的性质。如果一个国家主要追求司法民主和司法独立,把司法民主和司法独立视为解决社会纠纷的基本条件,坚信唯有司法独立才能司法公正,坚持民主的司法运作模式,就会将公开少数意见视为法官的权利。如美国少数意见制度的产生实际上是追求司法独立的结果。马歇尔出任最高法院院长后,为了提高法院的权威,将个别意见制度改变为统一的判决,但遭到美国民主主义领袖杰佛逊的强烈反对。1804 年属于杰佛逊派的约翰松出任最高法院法官,他在 Huidekoper's Lessee v. Douglass 一案中表示了少数意见,给马歇尔统治下的最高法院以猛烈一击。1806 年帕特逊法官在 Simms v. Slacum 一案中也表示了少数意见,这样,改变了只表示统一意见的做法。公布少数意见作为法官的权利,很快被美国联邦法院和各州上诉审法院广为利用。

如果一个国家主要追求司法公正,把司法公正看作是对社会公众要求的回应,坚持先司法公正再司法独立,一般要求少数意见必须公开,满足人民群众对司法公正的期待。日本少数意见制度实际上是人们追求司法公正的产物。过去日本最高法院实施的少数意见制度从表面看来是美国主宰下的改革结果,但实

---

①　陈漱芳.法院判决之不同意见书.政大法学评论,1999(62).

②　叶邵生.匈牙利宪法法院的组成和职权.人民司法,2004(3)

③　余文唐.少数意见公开制度的操作设想.人民法院报,2003-03-24.

际上它的目的是改变"二战"前各级法院所有审议活动都是秘密进行的状态。①

对于国际性法院和区域性法院的法官而言,他们来自不同国家,彼此独立、平等,也没有上级法院的干涉,司法独立和司法民主毫无问题,追求司法公正和公开成了首要之义,因此有必要强制法官公布不同意见满足国际社会的要求。

2.少数意见制度赞成力量的主要来源

少数意见制度的形成必然经历不同力量的博弈过程。赞成力量取得胜利是少数意见制度建立的重要前提,赞成力量的主要来源则决定着少数意见制度的性质。如果赞成力量主要来自法院内部,法官出于自我保护,更愿意把赞成力量作为一种权利,当公布少数意见对自己有利或者无害时,就会行使这种权利;如果赞成力量主要来自法院外部,民众更多的是想看到法院评议的内幕,要求司法透明和公正,强制合议庭法官公布其不同意见。正因为如此,波兰将是否公布少数意见的决定权交给当事人。如果赞成力量来源于国外,是外国强加的,则公布少数意见是法官的义务,日本就是明证。日本"二战"战败后,一场美国主宰下的民主主义改革全面展开,向议会提出的法案必须经过联合国最高司令官的审查和承认,法院法的法案也不例外,经过与总司令部的几番交涉,少数意见制度被写入法案之中,最高法院的大、小法庭的裁判都要附上少数意见。

德国少数意见制度从讨论到产生,不同势力经历了近一个世纪的较量,充分显示了不同赞成力量对少数意见制度性质的影响。早在1875年德意志帝国法院组织法审议时,即有人提议要求法官公开个别意见,但未能通过。"二战"后联邦德国宪法法院法制定时,联邦参议院多数成员主张应要求经法院决议后以不具名的形式公布法官个别意见书,但是联邦众议院法制委员会认为可能危害判决权威性,反对实施此项制度。到德国法官法审议时(1960—1961年),又讨论这一制度,但因遭到联邦最高法院院长 Gebhard Muller 和联邦行政法院院长 Fritz Werner 一致反对而作罢。1968年于纽伦堡召开的第47届德国法律人大会即以"是否适宜在德国诉讼程序法内准许公布持不同见解之法官的不同意见书"为题,又进行了深入而广泛的讨论。提出报告的 Zweigert 主张实施不同意见书制度,诉讼程序法组也决议在联邦与各邦宪法法院、联邦最高法院与所有只需对法律与程序问题作成裁判之合议审判庭,准许提出不同意见书。联邦宪法法院在1969年以9票对6票赞成实施不同意见书制度。1970年联邦宪法法院法最后准许法官公布不同意见书。②

---

① 刘风景.日本最高法院的少数意见制.国家检察官学院学报,2006(6).

② 陈淑芳.法院判决之不同意见书——德国法学界对此问题之讨论.政大法学评论,1999(62).

3. 政治体制

孟德斯鸠的三权分立学说对资本主义国家都有着深刻的影响,但各国对三权分立的具体理解和实施不同。英美法系国家坚持司法至上,司法在国家制度中占据重要的社会地位,即使制定法没有相应的规定,法院有权决定更多的司法事项。司法至上导致另一个结果是法官的地位和威望较高,判决书往往强调法官在个案中的独立人格。由法官个人署名,成了法官个人的意见书,公开少数意见就成了法官的权利。而大陆法系国家奉行议会至上,议会的决定至关重要,议会多数派的态度左右着少数意见制度的性质,司法处于从属地位。法院必须依法审判,司法事项必须保持克制,给人十分被动的形象。

4. 历史传统

在英美法系国家是否公开不同意见,法官之所以有很大的自由,首先在于它们有着民主的历史传统,公民的自由精神和民主法制意识较强,司法权威在他们心目中没有太多的怀疑,法院享有很高的威望和尊严,没有必要为提高司法权威而限制法官发表少数意见,法官的道德素质较高,也没有必要为追求司法公正而强制法官公开不同意见。其次,在于它们的判决书样式灵活,结构松散,法官在撰写时有很大的决定权,这为法官自由地将不同意见塞进判决书中提供了便利条件。最后,在于英美法官都是由社会名流——知名律师或著名教授担任,并非默默无闻、机械地执行职务的官僚,他们都想阐发法律的内在精神,使自己留名青史,对这种权利情有独钟,并积极推动这种权利形成与发展。反观大陆法系实施少数意见强制公开的国家,历史传统中或多或少地缺少这些有利因素,或者民主底蕴不深,或者判决书样式比较固定,结构严谨,或者法官职业化程度与英美法系国家相距甚远。

二、少数意见公开与判决书说理

(一)少数意见的本质就是判决理由

从法官独立而不仅是法院独立的角度来看,少数意见从属于判决理由,是法律说理重要的方式,"无论是多数意见、赞同意见、反对意见都是传达信息的途径。"[①]

从司法实践看来,判决理由形成于法庭评议阶段,因此,考察法庭评议过程有助于分析合议庭少数意见的形成。《法国刑事诉讼法》对法庭评议作了非常全面且严谨的规定,关于认定事实,第三百五十六条规定:"法庭和陪审团应当先对

---

① 希尔斯曼. 美国是如何治理的. 曹大鹏,译. 商务印书馆,1986:181.

主要罪行,必要时对加罪行的情节,对补充的问题,对每一法定赦免的罪行,最后对减轻罪行的情节进行评议,随后投票表决,分开投票,连续进行;每次投票时,庭长必须提问:'已确认受审人有罪?'"①关于适用法律,第三百六十二条规定:"肯定受审人有罪时,重罪法庭应当连续评议适用刑罚……在举行两轮投票后,如果没有一种刑罚在两轮中都具有多数票,在举行第3轮投票时,应当删除前轮建议的最重刑罚。如果在第三轮投票中,又无一种刑罚获得绝大多数票,则应举行第四轮,就这样继续下去,连续将最重的刑罚取消直到宣布有一种刑罚获得大多数票为止。"②这说明,少数意见的产生在法国重罪法庭评议过程是具有阶段性,持少数意见者只是阶段中的少数意见持有者,其在前后所有阶段中不一定全部持少数意见。从更长的司法实践来看,很多难忘的反对意见后来逐渐演变为多数意见,甚至是一致意见。

从学理上来说,少数意见不应当是判决理由的否定对象。在英美法系国家,由于"遵循先例"原则的影响,"有关案件判决理由的构成要素及其范围是什么的问题还没有完全定论。"但著名法学家博登海默反对判决理由作如下表述,"只有法院所陈述的为裁定争点所必要的那一部分法律主张(指多数意见——笔者注),才是判决理由"。他认为:"人们必须把这两个案例的事实同一个可以合理的含括这两种情形的法律政策原则联系起来,才能够发现其间的判决理由。"③故此,判决理由不是法庭多数意见的一元论。如果司法是民主的,每一个法官都是平等的主体,法庭不得剥夺他们的审理权,他们有权提出自己的意见,以避免他人之擅断。如果司法是公开的,少数意见就应当见之于书面。

因此,无论从司法实践,还是从学理上讲,合议庭少数意见应定性为未被判决主文采纳的判决理由。既然少数意见从本质上从属于判决理由,而公开判决理由是现代法治必然之义,那么少数意见从理论上就具备了公开的可能性。

(二)少数意见制度的功能就是说理

公布少数意见有利于增强法官说理的责任感。对于少数派法官来说,如果提出反对意见,他得准备迎接当事人和社会的挑剔;如果他掩盖其真实意思不提出反对意见,就有可能陷入错误的判决中,而在错案追究制下,他也要受到惩罚。在两难境地,法官不得不认真分析案情,谨慎地作出判决,充分说理。同时,对于多数派来说,为了夺得法庭内部的主导权,撰写多数派意见的法官也往往必须详

① 法国刑法典与刑事诉讼法典.罗结珍,译.国际文化出版公司,1997:479.
② 法国刑法典与刑事诉讼法典.罗结珍,译.国际文化出版公司,1997:480.
③ 博登海默.法理学:法律哲学与法律方法.邓正来,译.中国政法大学出版社,1999:546,551,553.

细论证，以便影响、说服或者反驳自己的同事；或是为了获得足够的支持，做出适度的妥协，以便把那些意见并不完全一致的观点也包纳在司法判决书中。

公布少数意见有利于调动法官说理的积极性。法官可以通过不同意见展示其个人渊博的法律知识，独特的法律视角和敏锐的逻辑分析能力。通过阅读这样的判决书，社会可以从中感觉到法官个人的才华，崇高的敬业精神以及为判决所付出的辛劳。不同意见增强了法官的人格魅力。

少数意见绝非是与投票无关、与判决书说理性无关的空谈。从理论上说，它加强了判决书的论证说理。佩雷尔曼在其论证理论中区别了两种"趋同"，第一种是各不相同而又互不依赖的论证导致同一结果，这种情况所谈的应当是补充性强化（additive verstarkung）；另一种是论证的大前提通过进一步的论证来证立，这里所谈的可能是递进性强化（regressive verstarkung），递进性强化的继续进行把论证纳入一个不断完善的体系。① 前者是在同一层面上的论述，后者是不同层面的论述。无论哪种趋同都可以使论证进一步完善，使当事人易于接受判决的结果。显然，并存意见的论证应该属于第一种，它能增强判决书的说理性。

（三）公开少数意见确保司法公正

在民主社会判决书中出现不同意见本身就是很正常的现象，正如立法中有不同意见一样，因而，无论是立法还是司法都是通过少数服从多数的民主集中原则作出决定，实现国家意志。只要是民主集中原则通过的司法判决，对当事人就有约束力。公布少数意见的判决书同样是以国家强制力为后盾。事实证明，英美法系和大陆法系的一些国家没有人因为判决书中有不同意见而怀疑判决的权威，而拒绝执行。判决的权威来源于其合法性和合理性，而不是来源于其通过的一致性。很难想象一个不具有逻辑合理性和论证说服力却被一致通过的判决，具有法律的权威而不遭到当事人的反对。如果不同意见的展示真的会削减法院的权威，也是为了充分表达在民主社会的法律生活所需要付出的必要代价。

西方不同意见的历史告诉我们，许多难忘的反对意见后来通过正当的法律程序逐渐演变为多数意见甚至一致意见。② 许多著名法官如马歇尔、霍姆斯和休斯等都是持不同意的大师，他们给予不同意见以高度的评价，休斯说"作为终审法庭，制定反对意见是对法律反思精神的诉求，是对未来智慧的诉求，它使后

① 罗伯特·阿列克西.法律论证理论.舒国莹,译.中国法制出版社,2002:210.
② 丹宁勋爵.法律的训诫.杨百揆,译.法律出版社1999年版,第323页。

来的判决可能纠正(持异议的法官所认定的)法院犯下的错误。"①判决书公布少数意见有利于人们理解判决的作成,同时还可以提高法律适用的预测性。一些学者认为通过对以往判决的检索,当事人及其律师能够发现待决案件合议庭每个成员的观点,从而可以获得对裁判结果的预期,增加判决的确定性,法官也必须保持自己观点的前后一致,因而此项制度对法官的任意和反复无常形成一定的制约。②

　　从时间上来说,合议庭的秘密评判在先,判决书的公布、少数意见的公开在后,当事人和社会的舆论不可能对合议庭进行干预,合议庭的秘密评判不会受到影响。从心理上来说,如果公布少数意见会使法官产生畏惧心理,丧失独立性,那么,独任制下的法官的个人意见为什么要对外公开? 优秀的法官会惧怕什么? 公布少数意见是司法公开的重要体现,使审判处于社会的监督之下,有利于预防司法腐败,实现司法公正。同时,公布少数意见也是社会民主的体现。在公开、民主的情景下,法官说理才具有说服力,更具有权威性。面对如此透明的判决书,当事人有何理由不放心、有何理由担心判决不公正?

三、我国少数意见制度的建构

(一)我国少数意见制度性质

　　我国民事诉讼法第四十三条规定:"合议庭评议案件,实行少数服从多数的原则。评议应当制作笔录,由合议庭成员签名,评议中的不同意见必须如实记入笔录。"由此可见,是否将合议庭成员的不同意见写入判决书,法律并未明文规定。在我国少数意见制度的确立,首先要对其性质进行确定。关于少数意见制度的性质,我国理论界和实务界主要存在三种建构观点:一是权利观,是否公开个人的不同意见,法官应当有权决定。③ 判决书应当按照法律规定,记载必须记载的事项,然而并不是说判决书不能记载其他事项。少数意见公开与否是法官的权利而不是义务。④ 如果公布少数意见是法官的义务,那么法官的独立性可能会受到影响。二是义务观,只要合议庭内有不同意见,必须强制公开。⑤ 三是权利义务观,即当事人及其授权代理人申请公开的,法院应当按照自行规定的规则予以公开,不得拒绝;当事人及其代理人没有申请的,法院有权决定公开或不

---

① 宋冰.读本:美国与德国的司法制度及司法程序.中国政法大学出版社,1998:448.
② 冯文生.论公开合议庭少数人意见.法律适用,2002:12.
③ 王信芳.裁判文书公开合议庭不同意见的探索与思考.政治与法律,2004(2).
④ 叶新火.判决书公布少数法官不同意见之探讨.学海,2003(3).
⑤ 冯文生.论公开合议庭少数人意见.法律适用,2002(12).

公开,如果决定公开,法院应当按规定的方式、对象、时间、内容和范围公开。①

　　第三种观点所反映的少数意见制度从表面看来兼有权利和义务双重属性,但是如果在我国付诸实施,当事人都想了解法院评议的内幕,都提出申请,法院公开少数意见的权利势必成为一种虚设。少数意见制度的性质必须在法官的权利和义务中作个决断。我们认为将公布少数意见界定为法官的义务更适合我国的实际。我国应该将公开少数意见定性为法官的义务,这是我国现阶段主要司法目的决定的,是我国历史传统的当然结果,是基于我国少数意见制度赞成力量分析的结论,也是发挥少数意见制度和合议审判制度功能的必然要求。

　　首先,强制公开少数意见是我国现阶段主要司法目的决定的。

　　司法公正、公开和司法民主、司法独立都是不可或缺的,但在我国,一个重视人民民主、重视民众独立的国家,前者较之于后者始终是更为重要的目标。最高法院公布的几个纲要可以印证这一点,这几个纲要更多的是强调司法公正和公开,很少涉及司法民主和司法独立。《人民法院五年改革刚要》(1999—2004 年)规定“以落实公开审判原则为主要内容,进一步深化审判方式改革”,“改革的重点是加强对质证中有争议证据的分析、认证,增强判决的说理性;通过裁判文书,不仅记录裁判过程,而且公开裁判理由,使裁判文书成为向社会公众展示司法公正形象的载体,进行法制教育的生动教材”。《人民法院第二个五年改革刚要》提出“进一步落实依法公开审判原则,采取司法公开的新措施,确定案件运转过程中相关环节的公开范围和方式,为社会全面了解法院的职能、活动提供各种渠道,提高人民法院审判工作、执行工作和其他工作的透明度”;“维护社会公平正义,满足人民群众对司法工作的新要求、新期待,实现人民法院科学发展,现制定《人民法院第三个五年改革纲要》”,“加强和完善审判与执行公开制度。继续推进审判和执行公开制度改革,增强裁判文书的说理性,提高司法的透明度,大力推动司法民主化进程”,凡此等等,足以反映追求司法公正和公开在我国现阶段的重要性。

　　因此我国和英美法系国家实行少数意见制度在价值取向应该有所不同。英美法系国家实施少数意见制度,主要是为了彰显民主精神,减少司法专横,确保法官独立,同时也是为了造就知名法官,突显法官的个人思想成果;而在我国公布少数意见的目的更多的是防止暗箱操作和促进司法公正。比起英美法系国家着重强调法官的个人思想和民主开放精神。我们应该将更多的注意力集中在现在国内亟待解决的司法透明问题上,将民众无法看到的合议过程浓缩在判决书中,放在阳光下,让司法腐败无处藏身,以增强人们对司法的信任感,这就要求少

---

① 刘澍,张洋.合议庭少数意见之公开理论与方式初探.海南大学学报,2002(4).

数意见必须强制公开。

其次,强制公开少数意见是我国历史传统的当然结果。

赋予法官公布少数意见的权利,可谓是以言论自由为基础的民主政治制度的必然产物,离不开民主自由的历史传统。我国经历了漫长的封建社会,封建社会是一个极其重视身份、重视义务的社会。与西方国家相比,我国封建社会更长,对身份和义务的重视更甚,不仅占据了公法领域,而且渗透到私法领域。一方面宗法制度的影响极大,形成了家国相通、亲贵合一、君天忠孝相连的政治体制,高度集中的专制皇权交织着族权、父权和夫权全面控制着中国封建社会。另一方面,长期自给自足的自然经济不仅造成了人对土地的依赖,而且造成了人对人的依附。我国封建社会结束之后,进入了半封建半殖民地社会,再进入到社会主义社会的过渡时期,资本主义经济一直没有发展起来,社会经济的自然经济色彩极重,缺乏一个资本主义商品经济对封建传统的全盘否定阶段。

再次,强制公开少数意见是基于我国少数意见制度赞成力量分析的结论。

在我国,赞成少数意见制度的力量来源比较复杂,有来自法院外部的,也有来自法院内部的。来自法院外部的学者和民众大多主张强制公开不同意见;来自法院内部的,既有主张权利的,也有主张义务的,没有哪种力量明显处于优势。与西方国家一样,我国也是从法院内部自觉公布少数意见开始的,但不同的是,西方国家首先从其最高法院或宪法法院推行少数意见制度,我国首先是从中级法院和基层法院开始推行的,中级法院和基层法院在改革过程中当然视公布少数意见为法官的权利,但这种"权利"很有可能因为它们的级别较低、力量较小而被忽视。这种"权利"至今没有得到最高法院的认可,最高法院之所以态度含糊,一个重要的原因在于,最高法院必须对全国人大及其常委会负责,相关法案的修改尚未提到议事日程,全国人大的态度如何尚不明确。为了尊重民意,顺应民情,确保民权,防止法官消极地对待自己的权利、漠视群众的正当要求,全国人大代表更有可能将公布少数意见作为一种义务,强制要求法官公开。

最后,强制公开少数意见是发挥少数意见制度和合议审判制度功能的必然要求。

如果把公开少数意见作为法官的权利,将公开少数意见寄托在法官自律上,很多法官不愿意主动接受监督、承受责任,不愿公开或不敢公开个人意见的现象将广泛存在,结果很有可能使得少数意见在判决书中消失,从而使少数意见制度的功能大打折扣甚至丧失殆尽,成为民主法治建设中的花瓶制度。强制公开少数意见是最大程度发挥少数意见制度功能的重要保障。

强制公开少数意见还是医治当下合议制度弊病的一剂良方。实施合议制的目的是集思广益和相互监督,但其根本前提是每个成员尽职尽责,否则,合议制的功能就会失灵。当下合议庭中存在着一个"魔鬼定理":持少数意见的法官永远安全,没有风险,既不会受到错案制度的追究,因为没有公开少数意见也不会遭到社会舆论的监督。强制公开少数意见,实质上用责任把所有合议庭成员套牢挂实,没有人能够规避责任、逃避风险,从而促使各成员切实履行职责。

(二)少数意见公开的范围

在建构少数意见制度过程中必然涉及两个问题,一个是少数意见制度的价值问题,我国该不该引进少数意见制度,一个是少数意见制度的操作问题,在我国哪些法院、哪些案件、哪些内容可以公开少数意见。两个问题相互关联,前者是后者的前提,后者是前者的保障。对于前者,我国学界进行了广泛讨论,对于后者,我国学界鲜有专门涉及。本书专门对少数意见公开的相关范围进行探讨,旨在深化对少数意见制度的认识,并为该制度的有效实施提供立法建议。少数意见公开要涉及三种范围,即主体范围、内容范围和案件范围。在借鉴国外少数意见制度经验的基础上,结合我国国情,少数意见公开的主体应该限定为终审法院,内容只能针对法律问题,案件可以涉及民商、行政、执行以及刑事等各个领域。

1. 少数意见公开的主体范围

我国学界在建构少数意见制度时,关于少数意见公布的主体范围,主要有以下几种观点:一、仅在最高法院审判委员会实行不同意见制度;[①]二、仅最高法院有权提出不同意见书;[②]三、先在最高法院或条件较好的高级法院试行;[③]四、公开不同意见的法院应当将其限定于上诉审法院;[④]五、先在最高法院、高级法院以及海事法院中推行公布少数意见的改革,然后再推及其他中级法院,基层法院一般不公布少数意见;[⑤]六、应当将此制度适用到全国各级法院;[⑥]七、应该将少数意见制度广泛适用于各海事法院和基层法院,在压力相对较小的基层法院实行判决书的制度改革,起到的作用也许会大于在高层法院的实行。[⑦] 笔者认为这些主张都不够合理,不符合我国国情的需要和少数意见制度的发展规律。在我国少数意见公布的主体范围应该限定为终审法院。

---

① 刘风景.不同意见写入判决书的根据与方式.环球法律评论,2007(2):103.
② 王启庭.判决不同意见书的法律价值与制度建构.社会科学研究,2006(4):113.
③ 罗文禄.论判决文书形成过程中的反对意见.四川大学学报,2002(6):120.
④ 王宝文.美国司法裁判文书制度考察兼论我国司法裁判文书的改革.前沿,2005(10):164.
⑤ 付悦余.合议庭少数意见公开:行走在价值与现实的结合点.法律适用,2009(2):75.
⑥ 冯文生.公开合议庭少数人意见.法律适用,2002(12)35.
⑦ 万方.当议合议庭少数意见公布制度.法律适用,2005(10):70.

首先,哪些法院可以公开少数意见,我们必须考虑该法院法官的素质。英美法系国家实施独特的法官选拔制度,一般要求法官从律师中产生,一是法官必须获得律师资格,从事律师事务,二是法官从资深律师中选任,条件苛刻,程序严格,因此英美法官素质较高,成了法律界的精英乃至社会的精英,几乎所有的法官都擅长制作优美的司法意见书;大陆法系国家一般只在最高法院或宪法法院实施少数意见制度,也是考虑这些法院法官素质较高的缘故。这些年来,随着司法改革的深入和法官个人的不懈努力,我国法官整体素质已经有了较大的提高。审判实践中,任何一级法院的案卷卷宗内,除了正式的判决书副本外,都有一份结案报告,这份报告对案件的审理和判决都有详细的介绍,对于判决理由也有充分、详实的论证。苏力先生说:"文化、业务水平相对来说,比较低的基层法院法官实际具有的分析论证能力要比根据现有的判决书推断他们具有的能力要强得多。……他们也许还比不上英美法官甚至欧陆法官,但他们的能力可能远远超过法学界对其现有实际能力的估计和判断。"[①]但是,我们必须意识到,我国基层法院法官素质还比较低,与西方法官有很大差距,如果实施少数意见制度,很难确保少数意见的质量,防止劣质少数意见流向社会,而且基层法院法官素质参差不齐,如果只在部分基层法院实施少数意见制度,或者只允许基层法院部分法官公布其少数意见,赋予理应平等的法院之间、法官之间以不平等的权利,后果可能是极其严重的。

其次,哪些法院可以公开少数意见,我们也必须考虑该法院法官的工作量。在美国法官有充分的时间和精力写出精美的判决书,原因是美国的多数案件都通过庭外和解和诉辩交易解决了,剩下为数不多的案件,其中还有一部分在经过初审法院的审理后解决了,最后进入上诉审的案件基本上是一些疑难案件,加上法律助手的帮助,实施特殊的判决书制度,对于这部分案件,法官才有充裕的时间去撰写动辄长达数十页甚至上百页的判决书。而我国法官则没有这么幸运,由于制度上没有这些巧妙的设计,他们的工作量相当大,不仅要负责案件审判,还要承担各式各样的非审判业务。单就审判业务而言,我国基层法院要承担全国大约80%案件的一审,基层法院的法官一年办100案左右相当普遍。[②] 在经济发达的地方,法官的年人均办案量还远远超过这个数目。因此,在基层法院判决书中载明少数派法官的意见,虽然可避免一些法定程序流于形式,但是更加重了法官们本已不堪重负的任务和压力。缺乏必要的制度支持和司法投入,最好的司法理论也难以得到彰显。

---

① 苏力.判决书的背后.法学研究,2001(3):13.

② 游振辉.从判决载明不同意见看司法现状.法制日报,2002-10-10.

再次,哪些法院可以公开少数意见,我们还必须考虑该法院法官的独立性。在英美国家,法官不用担心升迁问题,大部分法官都留在同一法院直到退休,行政长官对他们的职业生涯毫无影响;经济上已独立,其收入足以过上体面的生活;法官通常来自律师界,在司法活动中一般都有卓越的表现,享有极高的威望与声誉。我国情况则相反,基层法院法官的工资和地位经常得不到应有的的保障,同时必须为其升迁到较高级别的职称或职务奋斗,而是否能够升迁又主要取决于行政长官,他们的"内在独立性"与"外在独立性"都受到较大牵制,故在基层人民法院实行少数意见制度甚为困难。

最后,哪些法院可以公开少数意见,我们还必须考虑少数意见的数量问题。美国联邦上诉法院在 20 世纪 60 年代,提出了有限发表意见包括少数意见的规则。自此,联邦上诉法院的所有意见中约有 2/3 的少数意见未发表。德国在实施少数意见制度之初,少数意见制度的运用还比较频繁,德国联邦宪法法院判例集的第 30 卷到 40 卷就有 35 个判决中有少数意见,以后有少数意见的判决又降至 6%。① 德国学界比较一致的看法是应当扩大该制度的适用法院。② 少数意见不能太多,也不能太少。太多则可能混淆法律的解释与适用,混淆人们对法律的理解,影响法院权威,导致审判无序,太少则少数意见制度的价值得不到彰显。在我国,中级人民法院和高级人民法院作为一审法院时不宜采取不同意见制度,因为地方法院的一审判决,一般来说,大多不具有确定力,大多数情况下当事人会上诉,加上中国职业法官在合议庭的数目远远超出英美国家的法官,如果允许提出不同意见书,就会出现大量的不同意见。中级人民法院和高级人民法院作为二审法院时可以选择较为典型的案件,公开极具法律价值的少数意见,在一定程度上可以减少少数意见的数量。最高人民法院法官制作判决书时附具少数意见,可丰富法律解释的内容,促进法律的发展,实现司法解释与具体案件相结合,且最高人民法院的法官大多是有名的法律职业者,其个人见解影响力较大;但是如果仅有最高法院或者最高法院审判委员会可以公布少数意见,由于绝大多数案件是由地方法院审理的,最高法院每年很少审理案件,可以断言少数意见的数量极少,实施少数意见制度的价值至少没有学界期待的那样大。

2.少数意见公开的内容范围

少数意见的内容可能涉及事实问题、法律问题和程序问题,哪些可以公开,哪些不宜公开一直成为学界讨论的焦点。目前学术界主要有两种观点:一种是只能公开针对法律问题的少数意见,如,在我国的判决书中公开不同意见,首先

---

① 工藤达朗.德国的宪法裁判.中央大学出版社,2002(136-142).
② 陈澈芳.法院判决之不同意见书.[J].台湾:政大法学评论,1999(62):122-124.

要限制为只可以公开针对法律问题的不同意见,①一种是关于事实问题和法律问题的少数意见都可以公开,如,只有对事实和证据的认定以及法律的适用有根本的不同时,才有记载的必要,②合议庭成员在独立地展示自己内心的真实想法时,只能针对案件事实和适用法律发表看法,③笔者认为前一种观点较为合理,这是因为:

第一,只能公开关于法律问题的少数意见是中外司法实践活动之启示。

在英美法系国家存在案件分工,事实问题交给陪审团来处理,陪审团根据现有的证据进行事实认定,陪审团的裁决被认为代表人民的声音。法官,特别是上诉法院的法官必须尊重陪审团的事实认定,只能对法律问题提出异议意见。在大陆法系,阿根廷、芬兰、瑞典这些国家的司法判决坦率承认并公开处理法律解释的争议,相当充分地展示不同意见,它们的做法已与美国最高法院的做法非常相近。日本只在其最高法院大法庭和小法庭实施少数意见制度,而其下级法院之所以不采用少数意见制度,除了因为下级法院的法官不接受国民审查,且要接受上级法院的复审,很有可能被上级审所取消外,一个重要的理由是:下级法院的裁判含有事实性判断的部分。④ 德国 1968 年在纽伦堡召开第 47 届法律人大会,讨论"是否适宜在德国诉讼程序法内准许公布持不同见解的法官的不同意见书",诉讼程序法组的决议是:在联邦和各邦宪法法院、联邦最高法院,在所有只需对法律与程序问题做出裁判的合议审判庭准许提出不同意见书。1970 年联邦宪法法院修订法时增订第三十条第二款,准许评议时持附带意见的法官在判决结果或判决理由相应部分中提出不同意见书,确立了德国只针对法律问题公开少数意见的制度。如果说英美少数意见制度只针对法律问题是由其先天的案件分工和陪审制度决定的,具有偶然性,那么,大陆法系国家的普遍做法则可以证明只针对法律问题公开少数意见是必然的、合理的。

我国围绕少数意见制度的建构也曾进行改革探索,实践的效果证明:少数意见只能针对法律问题,而不能是事实问题。2002 年 8 月,上海市第二中级人民法院首次在判决书中公开了合议庭的不同意见,至今为止,共有六次,大致可划分为四种类型:①在事实清楚的情况下合议庭法官对法律关系的认识不同;②在事实清楚、法律关系明确的情况下合议庭法官解释与裁判的不同;③在事实不清的情况下合议庭法官运用证据规则作出判断不同;④合议庭法官对纯粹事实判

① 王宝文.美国司法裁判文书制度考察兼论我国司法裁判文书的改革.前沿,2005(10):164.
② 叶新火.判决书公布少数法官不同意见之探讨.学海,2003(3):154.
③ 张泽涛.少数意见之利弊及其规范.中国法学,2006(2):190.
④ 刘风景.日本最高法院的少数意见制.国家检察官学院学报,2006(8):106.

断不同。前两类主要针对法律问题,获得了当事人和社会公众的好评,取得了很好的效果,但后两类涉及事实问题,结果很难令人满意,在王焕平与上海香海房地产开发有限公司商品房预售合同纠纷上诉案,香海公司以二审合议庭就事实问题观点存在重大分歧作为其主要理由提出申诉。① 尽管这一申诉因理由不足被驳回,但它足以提醒我们在公开不同意见时应注意:少数意见的内容应该针对法律问题。

第二,只能公开关于法律问题的不同意见是事实问题和程序问题复杂性决定的。

事实问题是一个经验的命题,可以通过证据来认定。在证据不足时,通过证据判断规则来断定。对事实问题可能会有不同的意见,但持不同意见的法官无法通过说理论证来证明自己的主张更具合理性,因为基于证据而对案件事实的认定,除了因涉及法定证据标准从而转化为法律问题争议外,基本上是无法论证的。我认定我眼前的桌子是棕色的,但是我无法论证,对于这种事实和证据的认定,不同的人要么同意我的认定,要么不同意,论证无法使人改变对事实和证据的判断。如果不同意见纠缠于事实问题的认定,只会让本来就模糊不清的案情雪上加霜。对于案件中单纯的事实判断,公开合议庭法官不同的看法,可能使当事人觉得裁判过程似乎全凭个人感觉,而案件结果仅仅是简单依靠人数的优势。

少数意见所针对的程序问题主要是裁判程序是否失范问题,这类问题没有公开的必要,因为按照我国三大诉讼法规定,只有严重违反法定程序,可能影响案件正确裁判的才能被撤销、发回重审,这类程序失范问题才有法律意义,而严重违反法定程序的审判,随着法官素质的提高会越来越少。对于那些轻微的程序失范问题,公开既不能提高裁判的公正价值,又不能提高诉讼效益,相反为那些不服裁判的人提供把柄,况且这些程序失范问题可以在审判过程中得到纠正或私下得到解决。

第三,只能公开关于法律问题的不同意见是少数意见制度真正价值之所在。

少数意见制度有很多的价值:可以体现判决书的严密论证过程,体现对当事人的意见和少数派法官的意见的充分尊重,是司法公开、司法民主和司法独立的象征,等等,但少数意见制度真正的价值在于它能促进法律的发展。少数意见挑战着多数人的理性,检验他们的权威,成为多数意见的怀疑、反思和改进的基础,可以为明天救助那种今天被牺牲或忘却的原则,它使得后来的判决可能纠正法院所犯下的错误;有时不同意见对案件的处理独辟蹊径,闪耀着智慧的光芒,预示着法律的发展方向,为未来的天堂播下了种子,最瞩目的一个例子是美国联邦

---

① 王信芳.裁判文书公开合议庭不同意见的探索与思考.政治与法律,2004(2):154.

最高法院首席法官 Harlan 的第一个著名的异议意见,它预言了对宪法跨越时代的理解。少数意见可以促使法律的发展,这种发展可能是三年,如美国最高法院的 Minersville School Dist. v. Gobitis 案,或者是二十年,如 Plessy v. Ferguson 案。对此,德国学者弗洛米(Fromme)和沃赛梅恩(Wassermann)就曾指出,今天的不同意见是明天的确定判决,每一种新的法律见解最初都是由少数人所主张的。①

只能公开关于法律问题的不同意见,但并不意味着任何法律问题的纷争都可以公开,少数意见只有在涉及基本法律问题的分歧时才有必要记载。在判决书中,公开少数意见时,法官要保持自我克制,正如德国学者洛普(Rupp)所言:"持不同意见的少数法官,只有在判决涉及基本的主要的法律问题,且其作为法官的良知即使在严格的自我检视下,仍禁止其附和多数的观点时,才有必要提出不同意见书。"同时,公开少数意见时,不能对国家法律进行责难,尊重现行法律是法官职业道德的要求。另外,公开少数意见时,也不得意气用事,将矛头对准其他法官,恶意批评合议庭其他成员的司法意见,从而影响合议庭成员之间的团结。

3. 少数意见公开的案件范围

对于知识产权、金融、海事、商业以及涉外案件,在所有主张实施少数意见制度的学者看来,判决书可以公开少数意见,因为这些案件纠纷一般不至于造成尖锐的社会对立,案件的当事人大多具有较高的文化素养和基本的法律知识,对将少数意见引入判决书有更多的理解和认同感,仅仅因为合议庭中存在不同意见就产生强烈报复心理的可能性相对较小。同时,审理这些案件的法官一般都具有较高的理论素质和实践经验,制作司法意见书时容易把握。对于涉外商事案件,在判决书中引入少数意见也是十分必要的,这不仅符合国际趋势,同时也会在国际交往活动中提高我国司法系统的国际声誉。

而在行政案件、执行案件以及刑事案件中能否公开少数意见,就大有争议了,有人主张,有人反对。反对者认为,选择公布少数意见的案件范围时应该以不激化矛盾、稳定当事人情绪、确保社会稳定为基本前提,刑事、行政、执行案件中尚暂时不宜公开少数意见。其理由主要是:我国正处于社会转型时期,各类矛盾还比较突出,一些不稳定的社会因素依然存在,如果在刑事、行政、执行案件中公布少数人意见,容易造成败诉一方当事人对法院乃至整个社会产生严重的对立情绪,从而影响社会稳定,尤其是刑事案件事关人权、事关公民的自由权与生命权,采取不同意见书负面影响更大,可能会引起当事人或社会大众对法院判决

---

① Robert W. Bennett, A Dissent on Dissent, Judicature, p255, 258-259, 1991.

威信的质疑,会成为那些不服法院判决的当事人抗拒甚至攻击该判决的借口,会为当事人报复法官提供依据。因此,在刑事、行政、执行案件中往往需要对外发出一种声音,体现法律的威严与强制力,不宜公开合议庭少数意见。该建议出发点不错,但结论未必正确。

首先,这不符合少数意见公布的初衷。我们公布少数意见的目的就是要到达司法公正和透明,减少"暗箱操作"以及人们对"暗箱操作"的怀疑,而要达到司法公正和透明的往往是在刑事诉讼领域和行政诉讼领域,人们真正关心的案件,首先是一些大案要案,如马加爵案,其次是公众争议较大的案件,如刘涌案,最后是"民告官"这类案件,能够及时地公布这些案件的不同意见并接受检验,才能真正称得上是公开和公正的审判,才能促进人们对司法的信仰。

其次,案件的社会影响很难以其部类作为判断的标准。仅就民商案件而言情况就非常复杂。民商案件涉及市场经济运行中各种矛盾,具有类型多、难度大、主体广等特点,处理结果直接关系到市场主体的切身利益,甚至关系到市场主体的存亡。很难说这类案件社会影响小,当事人情绪稳定,不会激化矛盾。这就难以解释为什么在民商案件中可以公布少数意见而在行政案件、刑事案件中却不能。即使行政案件、执行案件以及刑事案件真的社会影响较大,但是,正是这些社会影响大的案件,面临着更疑难的法律适用问题,更可能产生不同意见,其案例的指导意义才更大,方显出公开少数意见的意义。

再次,我们必须纠正这样的一种观念,认为民商法是私法因而可以在判决书中公开少数意见,而行政法、刑法是公法因而判决书需要对外发出一种声音。其实,法院审理民商案件和审理刑事、行政和执行案件一样都体现了法律的威严与强制力,都体现了国家的意志,不同于民事活动。无论是私法案件还是公法案件都可以公开少数意见。少数意见的价值是不分法律部门的。[1] 例如,美国的少数意见遍及各个法律部门,在有关民法、财产法、侵权法、刑法和宪法案件的判例里都可以找到少数意见的踪影。日本同样如此,日本商法专家松田一郎法官、大隅健一郎法官所提出的少数意见主要出现在商法领域,行政法专家园部逸夫法官所提出的少数意见主要出现在公法领域,原为东京大学宪法教授的伊藤正己法官所表示的少数意见主要是有关宪法的案件。[2] 在有些国家,少数意见制度只针对公法案件发表意见,例如在德国,由于其宪法法院的特殊性,在判决书中只对宪法性案件发表不同意见。也许,正因为是在公法案件上,人们才认为法官应该有可能表达自己不同于多数决定的意见。

① 陈璐琼.论少数意见的批评.中南财经政法大学研究生学报,2006(4):144.
② 刘风景.日本最高法院的少数意见制.国家检察官学院学报.2006(8):109.

　　总之,无论是民事案件还是刑事案件抑或其他案件,只要不会激化矛盾,能够稳定当事人情绪,确保社会稳定,都可以公开少数意见。当然,如果少数意见涉及国家机密、商业秘密和当事人隐私就不得公开,但必须严格限制,否则就会出现例外的滥用,成为逃避公开的借口。

四、公布少数意见与滥诉

　　广州海事法院、上海市第二中级人民法院、北京市第一中级人民法院先后突破判决书的传统制作方式,尝试性地将合议庭中少数法官的少数意见载入判决书中。这项举措对我国现行庭审方式、合议庭评议规则以及法院的独立审判权等一系列问题带来了巨大冲击。学术界态度众说纷纭,褒贬不一,有一种观点认为:公开少数意见有可能造成部分当事人的误解,引发他们盲目上诉,甚至无理缠讼。① 确实,判决书公布不同意见,意味着判决还没有最终形成一致结论,普通民众可能会认为,既然法院对案件事实和适用法律的意见不一致,我们就有理由不接受判决结果,上诉、申诉看看上级法院怎么说。公布少数意见到底会不会诱发滥诉,包括不必要的上诉、申诉和同类诉讼? 如果公布少数意见会引发滥诉,就会增加法院的司法负担,使本来任务繁重的法院变得更不堪重负,缺乏必要的司法投入,我们就不能贸然移植这项制度;如果公布少数意见不会引发滥诉,我们就可以解除引进这项制度的后顾之忧。

(一)域外少数意见制度与滥诉考察

　　在美国,少数意见制度有着悠久的历史,法院公布少数意见是很常见的事,对美国社会生活产生了重大的影响。围绕这一制度曾有过争论,赞成者认为"反对意见是历史长河中生命力的体现","制作反对意见是对法律反思精神的诉求,是对未来智慧的诉求,它使得后来的判决可能纠正法院所犯下的错误";② 反对者认为少数意见是一种无用的行动,是错误的意见,是对合法性的一种挑战,是对法的确定性和法的权威的损害,把法院内部的团体性给破坏了。③ 从这些争论我们可以看出,在有着丰富少数意见实践经验的英美国家,学者们并不担心公布少数意见会诱发滥诉,只是担心少数意见的破坏性,即对法的确定性、法的权威性和法院内部的团体性损害。尽管在 20 世纪 60 年代,美国联邦上诉法院提出了有限发表意见包括少数意见的规则,自此,美国联邦上诉法院的所有意见中

---

①　方洁.判决书应当陈述理由.法商研究,2001(4):97.

②　宋斌.读本:美国与德国的司法制度及司法程序.中国政法大学出版社,1999:448.

③　RBEL Barrett. The Bill of Rights By Learned. Hand,p72, California Law Review, 1958.

约有 2/3 的少数意见未发表,它的直接原因是经济飞速发展所带来的"案件爆炸"的压力,而不是少数意见滋长滥诉。

德国实行少数意见制度尽管历史不长,从 1970 年算起,只有 40 年的时间,但学术界的研究却很深入,学术界对于判决书公布少数人意见的利弊之争主要集中在三个方面,即是否违反了法官的独立性,背离了评议秘密原则;是否影响了法院的威信与声望;是否破坏了合议庭的和谐与完整性。① 在严谨的德国学者看来,公开少数意见并不必然导致上诉和申诉。德国官方也没有将公开少数意见和上诉、申诉联系在一起,尽管德国的上诉率在欧洲是最高的。1976 年以来,为了减轻司法负担,降低案件的上诉率,德国先后通过多项改革,首先是上诉程序功能的分化和处理无意义上诉程序的简化,后来是规定诉讼费用处罚性措施和抑制在上诉中提交新证据,近来又采用两项措施:一是提高上诉案件争议标的额的限制,即将允许提起上诉案件的标的额的下限从目前的 1500 马克提高到 2000 马克(那些具有"重大意义"的案件的上诉不受此限制),二是将上诉许可制改为受理上诉制。② 在这些措施中,没有哪一项是针对少数意见制度的。

在日本,关于最高法院的少数意见制度,法律界也曾有过争论。反对者认为,在法院的合议组织中,各个法官的意见表示制度并非源于大陆法系的法制传统,而是继受英美法律制度的结果,与整个大陆法系的母体不协调,应予以废止。其具体理由主要有:①将法院意见的分裂公之于众,会损害法律的安定性,也会降低民众对裁判的信心;②如果将法官之间意见的分歧公之于众,将损害法院的权威,少数意见制不仅会削弱先例的约束力,也会降低法院整体的威信;③少数意见在转变为定型化的判例之前,容易诱发同类诉讼,招致滥诉,尤其是以微弱多数判决的案件,因有逆转的可能,将频繁出现同类诉讼;④少数意见制往往有被不当利用的可能,例如故意宣泄个人感情,刁难不同意见者,甚至提及特定法官的名字肆意漫骂,降低法院的权威;⑤少数意见对多数意见进行攻击时,经常歪曲夸大多数意见的判旨,而被曲解的多数意见可能以判例的形式继续存在,并被一般化。③

就少数意见公布研究而言,日本学者较美国学者和德国学者更为谨慎,他们有更多的担心,不仅担心公布少数意见会破坏法律的安定性、法院的权威性和法庭的团结性,而且还担心公布少数意见会有招致滥诉的可能性。确实,少数意见表明法院判决所处理的问题还存有疑问。在转变为定型的判例之前,以微弱多

---

①　张泽涛.判决书公布少数意见之利弊及其规范.中国法学,2006(2):185.

②　章武生,杨严炎.德国民事诉讼制度改革之评析.比较法研究,2003(1):76.

③　刘风景.不同意见写入判决书的根据和方式.法律评论,2007(2).

数处理的案件,比如基于五比四或八比七胜出的案件,因法院的变化、法官的更换有其逆转的可能性,同类诉讼可能频繁出现。但是,如果争议的是重大问题,寻求最终解决的愿望当然非常强烈。假定少数意见没被采用,也很难断言能够阻止同类诉讼的不断出现。即使存在有力的少数意见,而多数意见体现了国家意志,一般地,赞同少数意见法官的人数会不断地减少,判决变更的概率很低,因而,不能认为少数意见的存在将导致滥诉。就诱发诉讼而言,这并非少数意见制本身造成的,往往是由于该意见的内容为学术界所支持。

通过上面的考察,我们可以看出,无论是美国学者、德国学者,还是日本学者,他们都不担心公布少数意见会滋长不必要的上诉和申诉。在他们看来,不必要的上诉和申诉并非少数意见制度的必然产物,他们相信,当事人在诉讼中追求胜诉是毋庸置疑的,但本质上需要让活生生的正义在自己身边。当多数意见或代理人已经明确告诉败诉原因在哪里,在已经预料到败诉的结果时,当事人一般不会傻到花更多的精力和财力去搏一次渺茫的诉讼胜利。

(二)我国滥诉原因分析

不同国家的滥诉原因并不相同。例如,在德国,低廉的上诉准入门槛,传统的四级法院结构(现在已经改为三级结构)客观上为当事人提供更多救济的同时,容易滋长滥诉。在实行判例制度的国家,同类诉讼的出现不可避免。至于在我国目前的司法实践中,案件的上诉率、申诉率高居不下,当事人对判决结果不能真正服气,究其原因,主要归根于以下几个方面:

第一,封建人治思想和关系理论的影响。中国经历了几千年的封建社会,封建传统思想无孔不入,如影随形。很多律师都有这样的经历与感受,往往当事人咨询时,询问案件胜诉率以及律师是否与法院有特殊关系的概率相当高。在某些当事人看来,法律规定对于案件是否胜诉不是决定性的因素,而人际关系、权力才是起决定性的因素。一般来说,只要当事人在法院有人脉,他就会尽力疏通关系,试图增加自己获胜的筹码。一旦当事人面对不利的裁决,习惯性地联想到对方有关系,往往对于本来很公正的裁决,也觉得不公平,认为自己并非是理不如人,而是关系不如人。

第二,公民法律意识还很淡薄。在我国部分公民心目中,司法没有太大的权威,他们打官司重结果轻程序,不太注重证据的收集和证据的说服力,却很在意裁判的绝对正确,认为法院裁判依据的事实应该是客观事实。

第三,审判程序不够公开。虽然我国有公开审理的制度与规定,但由于普通老百姓对庭审程序规则不明白,对法官和合议庭在庭审过程中和庭审后的操作过程不明了,即使参加了庭审过程,也仍然不明白个中道理。对于专业性较强的案件,不了解案情的专业人士也不一定明白法院的法律取向,面对不利的裁决时,当事人很容易联想到暗箱操作,自然对判决不服。可以说,目前广大民众存在一定程度的司法信任危机,很大程度上是由暗箱操作造成的。

第四,判决书说理不够充分。判决书不仅要让人对判决结果知其然,更要让人知其所以然,不仅要让人知道判决依据的是哪项法律规定,还要让人知道该项法律规定的完整含义和该项法律规定与案件事实、各项证据与案件事实之间内在的逻辑关联。判决书必须说理,说理是判决书的灵魂,当事人能否服判,关键就看判决书说理是否到位。但由于种种原因,我国有很多判决书说理不充分甚至不说理。本来老百姓受我国传统思想"礼为用,和为贵"的影响,追求和谐与宁静,认为"无讼"是值得追求的境界,他们到法院打官司是因为通过其他办法解决不了纠纷才来寻求一个"说法"。一旦判决书说理不充分或者不说理,败诉者当然不会心服口服,因为他们要的不仅是一个判决结果,更在意的是一个"理"字。既然一审得不到"说法",那就只好寄希望于二审或者再审了;甚至不找法院,而寄希望于其他部门如人大、政协等。目前我国很多上诉、申诉案件与判决书说理不充分或者不说理有很大的关系。

(三)公布少数意见有利于减少滥诉

1.理论分析

由于历史传统的影响所导致的滥诉,在短期内我们无法消除,我们必须正视。由于公民法律意识低所导致的滥诉,我们也无法避免,但由于审判程序不够公开和判决书说理不够充分所导致的滥诉,我们可以通过判决书公布少数意见加以防范和杜绝。

判决书公布少数意见,完整地将法官分歧展示在当事人及整个社会面前,等于展现了合议庭进行理性探究、辩论及民主决策的过程,等于展现了法官内心的思维轨迹。这将进一步推进审判公开,减少人们对合议庭暗箱操作的怀疑,"至少可在一定程度上使辩护人和公众相信,判决不是草率做出的,它是起草判决书的重要内容之一,而且也可以证实司法独立性,特别可证实智慧、无畏的法官是公正无私的形象",①使当事人和社会公众了解合议庭真实的作业方式和法院就每一个案件所做的智识上的努力,从而使他们能从感情上和智识上理解、同情、信服法院的判决和工作,他们就会心悦诚服地接受法院的判决,司法裁判的公信力随之就会提高。因为,阳光是最好的防腐剂,公开与透明是司法权威赖以存在的根基,正义不但要实现,还要以人们看得见的方式来实现。

---

① 约翰·密尔.论自由.程崇华,译.商务印书馆,1996:56.

公布合议庭少数人意见可以加强法官的责任感,改变传统合议庭合而不议的弊病,因为,在少数意见制度下,合议庭成员既不能简单附和他人的意见,那容易制造冤案、错案,甚至受到法律追究,也不能随便发表少数意见,那要接受大众的监督,于是合议庭成员每一次表决时,不得不审慎地思索其赞同或反对他人意见的理由,以避免非理性的随意的表决行为,这可使法官为防止不成熟意见的产生而积极加强沟通和交流,取长补短,从而使裁判意见更趋妥当和一致。当合议庭法官对判决结果一致同意而没有分歧时,当事人相信判决是认真的、民主的和独立的,判决书势必较传统合议制度下更具有说服力;当合议庭评议产生不同意见时,合议庭内部势必通过分析、讨论来寻求一致的判决。如果多数法官的意见说服了少数法官的意见,那么,尽管少数法官的意见没能在判决书中得到体现,但它在判决形成过程中所起的作用是不可忽视的,因为多数法官的意见得到了进一步补充、完善;如果多数法官的意见最终没能说服少数法官的意见,那么,在分析讨论过程中,最终形成的多数意见不仅要表达自己的判决理由,还必须针对少数意见进行有的放矢的说明,以求是非曲直一目了然。总之,多数意见和少数意见的竞争,可以极大地提高判决书的说理性,提高当事人的服判率。

2. 实践证明

实践是检验真理的唯一标准。实践证明,公布少数意见得到了广大人民群众的拥护,有效减少了滥诉。经常在广州海事法院打官司的律师和当事人无一例外地赞同公开合议庭少数意见的做法,认为法官对案件中每一个双方有争议的问题都进行了认真详细的论述,并将合议庭不同意见写进判决书,也因此觉得判决不再神秘,不再猜疑其中是否有暗箱操作、有不规范做法。这几年,广州海事法院的申诉案件逐年下降,没有发现一宗错判、以审判监督程序改判的案件,没有出现因当事人认为裁判不公而上访的情况。双方当事人都是外国人,自愿选择在广州海事法院诉讼的案件也在逐年增多。上海市第二中级人民法院的司法改革也取得了巨大的成功,当事人表示服判,代理人来函支持这一举措。比如在河南某证券有限责任公司与上海某科交房地产开发经营公司商品房预售合同纠纷案中,双方当事人均服判息诉。原告代理人一位外地律师称,上海法院的法官敢于将合议庭内部不同意见写入判决书,使当事人对法律、对法院判决的依据了解得更清楚,充分展示了裁判的透明度,体现了法律的公开与公正性。又如郭某与上海浦东某古北房地产发展有限公司不当得利纠纷上诉案中,古北公司的代理人认为,这份判决书对律师今后在诉讼中加强调查取证、注重证据之间的关联性及发挥优势证据作用具有一定的指导意义,更能充分发挥律师收集调查证据的积极性。还有上海某橡胶机械一厂与上海申奇经贸发展中心经营合同纠纷上诉案中,败诉方代理人还来函称这一做法使法院裁判结论的产生过程明明白白地呈现在当事人和社会之上,显示了透明、诚信和司法公正之理念所在。① 北京市第一中级人民法院在其审理的李某诉北京华星电影院有限公司侵权案中,公开了合议庭法官的不同意见,败诉后,李某代理人表示"对法院判决表示尊重",华星影城代理人"对这个结果表示欢迎"。

公开合议庭的不同意见后,当事人知道法院已经考虑了多种的理由和方案,最终只能根据少数服从多数的原则作出判决。当事人认为法院有勇气公开不同意见,表明对案件的审理是非常慎重的,从而从内心深处产生对判决的信服感。尤其当败诉方看到自己的观点也已得到法院的充分重视与尊重时,减少了对法院不必要的诉讼偏见,一般都能心平气和地接受判决。

域外司法实践及其理论研究表明,公布少数意见不会滋长滥诉。在我国由于封建人治思想和关系理论的影响,加上公民法律意识比较淡薄,审判程序不够公开,判决书说理不够充分,滥诉成了十分突出而危险的司法现象。引进少数意见制度,公布合议庭少数人意见,可以进一步促进审判公开,展现合议庭理性探究、辩论及民主决策的过程,展现法官内心的思维轨迹,减少人们对合议庭暗箱操作的怀疑,还可以加强法官的责任感,改变传统合议庭合而不议的弊病。通过多数意见和少数意见的竞争,提高了判决书的说理性,提高了当事人的服判率,减少了滥诉。

五、少数意见制度与法官的独立性

无论是在英美法系国家还是大陆法系国家,少数意见制度都存在争议,争议的内容有同有异,其中一个显著的差异就是在一些国家例如中国和德国,公开少数意见是否影响法官独立性存在争论,而在另外一些国家例如美国和日本则听不到类似的声音。这一差异的形成并非由于法官专业素质和道德素质的高低,而是法官身份制度的完善与否。少数意见制度下法官的独立性与法官身份制度紧密相连,真正能保障法官独立性的是法官身份保障制度。少数意见制度并不能保障法官的独立性,它只是证实或体现了法官的独立性。试图通过实施少数意见制度来增强法官的独立性往往会适得其反。

(一)少数意见制度下法官独立性的争论

从上面的争论,我们可以看出,在不同的国家对少数意见制度的利用都存在争议,即使是英美法系国家也不例外。这些争议中有很多相同之处,比如公开少数意见会不会损害法的权威性和法院的团体性,几乎成了世界性的共同的话题。

---

① 王信芳.裁判文书公开合议庭不同意见的探索与思考.政治与法律,2004(2).

不过因为国情的影响也有很多差异,其中一个特别值得我们注意的差异就是,在英美法系国家以及日本,学者们并不担心公开少数意见会影响法官的独立性,而我国学者和德国学者关于少数意见公开是否影响法官的独立性就大有争议。

在英美法学者看来,少数意见制度"至少可在一定程度上使辩护人和公众相信,判决不是草率做出的,它是起草判决书的重要内容之一,而且也可以证实司法独立性,特别可证实智慧、无畏的法官是公正无私的形象",[①] "公布少数人的意见体现了判决是每个法官独立自主地作出的,而不是无条件地附和或者遵循上级领导的意见所作出的,从而可以避免给社会公众造成铁板一块地团结一致的假象"。[②] 也正是基于上述原因,英美学者对一些大陆法系国家禁止判决书披露少数意见的作法进行了批评:"裁判变成了某一非人格化实体的宣告,即使其实必须是意思单一的,以便不造成任何歧义,由数位官员作出的决策在宣布时将废弃先前的内部分歧,那些持不同意见的人现在只好压抑自己的感受。"

德国一些学者认为少数意见制度违反了秘密评议原则,侵犯了法官的独立审判权,如果公布少数意见,那么法官的内在独立性就难以得到保障,因为合议庭中有些法官虽然对案件事实或者适用法律与大多数法官存在不同认识,但是考虑到公布其少数意见后所带来的当事人以及社会公众的压力,他就可能选择迎合大多数法官的意见,从而违背自己的内心确信。主张公开少数意见的学者则认为,这种作法并没有背离评议秘密原则,侵犯法官的独立性,因为评议秘密原则指的是评议过程保密,以保障法官在评议案件时不受外界的干扰,毫无顾虑地交换意见,从而达到公正的裁决结果。但是评议结束以后,评议结果仅仅是法官对具体案件的法律见解,没有必要剥夺法官发表独立见解的权利。同时,法官作为国家专司审判权的公职人员,同其他国家公职人员一样,在行使审判权时,应该有足够的面临社会公众批评和指责的心理准备。况且,在独任法官审理案件时,他对案件事实认识和适用法律的见解都必须在判决书中予以公开。如果按照上述学者所主张的,少数人的评议结果不得公布的话,那么,就是要求独任法官的意见也不得在判决书中公布,显然这一必然的逻辑结论也是上述学者所不能接受的。

我国学者对此问题的争论和德国学者如出一辙,不过,我国学者更担心公开少数意见会影响法官的内在独立性。一旦少数意见被公开,法官要接受更多的人监督,要承担来自外界的更多的压力。这种情况下一些法官恐怕会有很多顾

---

　　① 约翰·密尔. 论自由. 程崇华,译. 商务印书馆,1996:56.

　　② Morton Horwitz and Onando Campo,When and How the Supreme Court Found Democracy——a Computer Study,14 Quinnip L. Rev. 1(spring,1994).

忌:比如公开少数意见会不会引起社会各界的非议,会不会增加法官的工作压力,会不会招致当事人的报复,这些顾虑都会影响法官的良心和确信。

(二)少数意见制度下法官独立性争论差异的背后

首先,公开少数意见,法官的独立性受到影响,是不是一个法官专业素质的问题?

撰写一份好的少数意见书,法官需要对相关的法律十分熟悉,对案件有独到的见解,艺高人胆大,非业务能力强者不能为之。对于业务能力较低的法官来说,法院的工作本来就不堪重负,撰写并公布少数意见,接受外界对其心灵的考究,无异于雪上加霜。为顾全面子,不被他人抓住把柄,他们可能简单地附和其他法官的观点,亦步亦趋,人云亦云,从而在实际中隐性地损害司法公正与公平。英美法官专业水平较高,法官首先必须获得律师资格,从事律师事务,必须从资深律师中选任,年长、经验、精英是他们的突出特点。例如,在英国,地方法院的法官(不包括治安法官)必须有不少于 7 年的出庭律师经历,高等法院法官出庭律师经历必须不少于 10 年,上诉法院法官必须不少于 15 年。在日本担任法官不仅要完成 4 年的法学部学习,还必须参加及格率极低(通常在 2～3％)的全国司法考试、2 年的司法训练和法学研究所学习并考试合格;最高法院的法官要从见识高、有法律素养、年龄在 40 岁以上并已担任高等法院的院长、法官、律师、检察官、大学教授或副教授共计工作 20 年以上的人中任命。这些人往往是法律界的精英,他们撰写司法意见书相对十分容易。而在我国,由于历史原因,《法官法》出台之前,实行平民化和大众化的司法制度。在这种制度下,只要政治合格就可能被任命为法官,结果是全国法官队伍中接受正规法律教育的比例极低。随着《法官法》的出台,我国法官专业素质几经努力,通过在职教育或培训,情况虽然有所改观,但仍不能令人满意,比英美法官专业素质低,这是不争的事实。

但我国法官素质是不是低到连撰写一份少数意见都成了问题? 苏力先生的调查研究表明,"文化、业务水平相对来说比较低的基层法院法官实际具有的分析论证能力要比根据现有的判决书推断他们具有的能力要强得多……他们也许还比不上英美法官甚至欧陆法官,但他们的能力可能远远超过法学界对其现有实际能力的估计和判断"。[①] 一个明显的例证是,法官在审理报告中往往将案件的来龙去脉、判决结果的形成交代得清清楚楚,内容全面,论述充分。即使我国法官素质低,但少数意见是不是必须要求写得很精彩? 其实,英美法官发表少数意见有时只是简单地说"我反对"或"我有异议"。是不是我们已经习惯了英美少

---

① 苏力.判决书的背后.法学研究,2001(3):13.

数意见大师的附带意见从而对我国法官有过高的要求？如果说我国法官素质低，公开少数意见会影响他们的独立性，那么我们很难解释为什么德国学者认为其宪法法院的法官也会受到影响，他们宪法法院法官的素质并不比日本最高法院法官和美国上诉法院法官素质低。

其次，公开少数意见，法官的独立性受到影响，是不是一个法官的人格品质问题？

在一些敏感以及重大的问题上公开个人见解，法官需要具备极大的勇气，因为公开少数意见可能引起社会各界的非议，甚至招致当事人的报复，公开少数意见，法官需要克服自己懒惰的心理。正如日本最高法院法官松田二郎所说："我在自己的见解不为多数人所接受时……我经常产生想撤回自己见解的念头。那与其说是谦虚，不如说是因为担心自己的无能体现于判决书之上，也可以说是怯懦吧。特别是，撰写反对意见对于能力不强的我来说，实在是勉为其难，也可以说是出于怠惰的心理，但有时，实难抗拒放弃自己的意见而附和众人意见的诱惑。"

公开少数意见，法官还需要具有高度的责任感。在每一次表决时，都必须审慎地思辨其赞同或反对多数意见的理由，避免轻易地附和别人或随意进行表决，避免非理性或不是从法律角度加以思考的论点。我国部分法官的道德素质也确实令人担忧，除了社会上经常提到的法官腐败外，更重要的一点是，与西方法官不同，我国一些法官缺乏必要的职业信念，他们把法官看作一种官位或是权力，而不是法律的宣称者，他们把审判仅仅看作解决具体的纠纷，而不是在塑造法律秩序，他们中的许多人缺乏对法律的信念，缺乏对自己职业的荣誉感，也缺乏沉重的社会责任感，他们习惯于在具体个案中运用手中的权力去达到某种目的，却意识不到自己的行为将对整个社会的法治产生根本性的影响。

但法官的人格品质尤其是独立意识不是靠割断与外界的联系获得的，而是靠排除外界干扰来实现的。试想，如果公布少数意见，法官的生活受到影响，生命受到威胁，甚至家人的生活、生命受到牵连，法官保持其内在独立是否容易？面对各种外在的干扰，法官能够保持内心独立固然可贵，不能保持内心独立也在意料之中。要想保障法官内在独立，必须确保法官的外在独立，即法官为正常履行审判职能所必备的任职条件应该得到充分保障，以免法官受到来自其他权力机关、社会和法院内部的不当控制。只有法官的外在独立真正确立了，法官才可以免除后顾之忧，抵御外来干扰，只依照法律和良心办案。

最后，法官独立性的背后是什么？

公开少数意见，法官独立性是否受到影响不是专业素质问题，也不是人格品质问题，而是制度问题。英国、美国、日本为了使法官不致于为物质和环境条件所迫,不致于为物欲所动而贪赃枉法,不致于因办案结果遭到不利后果,制定了一整套完备的身份保障制度。在职务行为方面:奉行法官独立,法官依法独立行使审判权,不受任何机构和个人的干涉,除因法定事由和法定程序,不得被免职、调任或以其他形式解除其职务,法官不得兼任包括行政官员、议员、教学以外的其他营利性职务,不得有政党身份或从事政治活动。在物质生活方面:给予法官高薪待遇,法官的薪金高于普通公务员,并足以使他们的家庭达到中等以上的生活水平。由于通货膨胀导致收入实际降低,其报酬通常会不断增加,即使国家遇到财政困难,其工薪不得减少,在必要的转职时,其工资不得降低,退休后还享有优厚的保障金,并且法官薪金待遇由国会统一预算,由专项资金支出。在任职期限方面:实行法官终身制。只要法官在任职期间不遭弹劾,就可以连任至退休,例如日本最高法院的法官年满 70 岁退休,其下级法院法官年满 65 岁退休,退休后薪金不减少。美国联邦法院法官,凡年满 70 岁或者年满 60 岁任职满 15 年而退休者,其退休可以领取全额薪金。在司法特权方面:如果不是因为法官个人主观原因而是出于义务、存在法律漏洞等客观原因而发生错判等情况,禁止追究其法律责任,禁止新闻媒介滥用新闻自由对正在进行的审判活动任意评论或妄下结论,禁止将正在被审理的案件或争端列入国会议程。这种完备的法官身份制度能够保障法官外在独立。由于法官在就任后基本上不会失去职位或薪酬,所以不必受制于行政机关、立法机关及其领导人,因而不必担心因发表司法意见得罪这些机关从而遭受它们的报复,这就为法官勇于提出少数意见提供了有力保证。

德国法官身份保障制度则没有英美国家那样完善,虽然其《法官法》第二十五条规定"法官应该独立,只服从法律",但第二十六条又规定,司法部长有权监督法官,"督促法官以合法的方式,毫不拖延地履行公务";第三十五条规定,法院依照申请可暂时禁止有关法官行使法定职权;第三十七条第 3 款规定,"终身法官或者特定任期法官在一个会计年度内可被调任至同一辖区的其他法院而无需其本人同意,调任期限合计最长不得超过三个月";特别是法院有权根据法官的知识和业绩定期对法官进行评定,法官由此将获得一个职务鉴定书。当法官申请其他职位包括申请更高一级法院的职位时,需要提供这一鉴定书,凡此等等,都会影响法官的独立性。

我国法官的身份保障制度已经初步建立,但仍不够完善,也远未落实。由于现阶段我国某些法官道德素质、业务素质尚不适应现代司法的要求,司法腐败、司法不公等现象依然存在。法官弹劾制度尚未建立,为了提高司法的公正的程度,确保司法作用的正常发挥,不得不通过外在的各种监督措施对法官进行约束,这使得法官身份保障制度的确立遇到了相当大的障碍,甚至难以得到社会的认同。由于法院内部主要以行政化管理为主,法官惩戒主要依靠法院的行政性纪律惩戒制度,既缺乏公开化的程序,又缺乏严肃的程序保障和职务豁免规则,人民代表大会实际上很少能对法官的任免起到真正的保障作用。一些地方还实行法官竞争上岗和末位淘汰等制度,这些无形中对已经初步确立的法官身份保障制度造成了破坏。这种制度背景下,公布少数意见,会给人更多的口实和把柄,无疑会对法官独立性造成更大的负面影响。这就难怪学者们担心公开少数意见会影响法官的独立性。

(三)少数意见制度下法官独立性的争论背后的启示

少数意见制度下法官独立性的争论,反映了一个国家司法制度尤其是法官制度的现状。在司法制度比较完善的国家,法官独立性有保障,公开少数意见,一般不会存在这类争议;相反,在司法制度不健全的国家,这类争议不可避免。一般来说,在法官独立性有保障的国家,在法官独立性有保障的法院才会实施少数意见制度。实施少数意见制度需要健全的法官身份保障制度支持,有了健全的法官身份保障制度,法官独立性不会因为少数意见制度的实施而受到影响。没有健全的法官身份保障制度,实施少数意见制度,法官独立性将面临更多的风险。

少数意见制度下法官的独立性与法官身份制度紧密相连,真正能保障法官独立性的是法官身份保障制度,少数意见制度并不能保障法官独立性,它只是证实或体现了法官的独立性。那些认为实施少数意见制度是保障法官独立审判重要手段的观点是错误的。迫使少数派法官不得不在自己并不赞同甚至是反对的判决结果上签字侵犯了法官独立性,允许少数派法官发表个人意见也并一定就能增强法官独立性。这可能使法官刚脱离龙潭又入虎穴,重新走入绝境;这也有可能使少数派法官的独立性得到增强而多数派法官独立性受到负面影响。试图通过实施少数意见制度来增强法官的独立性往往会适得其反。

鉴于我国现阶段法官身份保障制度不够健全,为了避免法官作出判决的独立性可能受到外来的影响,笔者认为尚不宜引进少数意见制度,等将来条件成熟了,可以考虑在最高人民法院和高级人民法院率先推行少数意见制度,这些法院法官的独立性在制度上相对于其他法院法官的独立性更有保障。

第二节　法官后语

2000年,上海市第二中级人民法院不拘泥于传统样式,在首部、事实、理由、判决结果和尾部之后附上一段融情与法富有人情味的法官后语,视需要对诉讼参与人进行伦理教育,这一改革在司法界、学术界和社会上引起强烈的反响。实践中开始出现了不少的法官后语,关于法官后语的研究也蔚然成风。

一、法官后语概念的厘定

常见的法官后语定义有很多,它们都强调法官后语是对当事人的道德说教,都声称法官后语没有法律约束力,但在法官后语制作主体、具体位置和内容等方面存在很大不同。梳理其差异,探讨其合理性,最后厘定法官后语乃合议庭或独任法官附属于判决书规范性格式之后一段对当事人给予道德教育,而不具有法律约束力的简短文字。

法官后语又称法官寄语或判后语。相关的定义主要有以下几种:第一,法官后语是附属于判决书规范性格式之后的一段对当事人给予有关法律、伦理教育或个案启示的简短文字,它代表合议庭的道德评判或法律层面的意见,是对裁判理由和结果的补充说明,但不具有法律约束力;[①]第二,法官后语是指人民法院在规范化的判决书之后对当事人所给予的有关法律、道德、伦理方面的教育或者就个案所发表的感想、启示类的简短评论性的文字,于法理之外对当事人及其他相关人员进行说服教育和道德感化,以息事宁人、钝化矛盾;[②]第三,法官后语是指在判决书主文之后附上主审法官或合议庭对案件的一些意见和看法,一方面对在判决书中阐明不足或不便阐明的问题作较为深入的探讨,另一方面也通过这一形式表明对本案所涉问题的态度,从而指导当事人对判决书及判决结果的理解和执行;[③]第四,法官后语是附着于判决书规范化格式之后的一段评述性文字,针对当事人给予道德、伦理教育以及个案启示,是对判决书的补充性说明,它以文字简短精小、文风朴实、情感浓烈为契机,力求达到法与情交融的境界,但对当事人并不具有法律约束力;[④]第五,法官后语是指在判决书正文之后所附上的、由主审法官或合议庭所作的对案件具有道德倾向性的、不具有法律约束力的、不同于判决理由或不同意见的一些意见和看法;[⑤]第六,法官后语是法官结合具体案件、于法理之外对当事人进行道德教育和感化的按语;第七,法官后语即主审法官在判决书结尾加上自己对该案的评论,于法理之外对当事人进行说

---

① 上海市第二中级人民法院研究室.裁判文书附设法官后语的思考.法律适用,2007(7).
② 张建成.法官后语论.河南省政法管理干部学院学报,2006(3).
③ 无忌林.也谈法官后语——兼与张晓频同志商榷.http://bbs.ffsky.com/showtopic-698913.aspx
④ 玉梅.试论法官后语.广西政法管理干部学院学报,2005(6).
⑤ 程乐.判后语之体裁分析.浙江工商大学学报,2006(1).

服教育和道德感化,旨在息诉宁人,钝化矛盾。① 这些定义具有相当的代表性,它们在某些方面有惊人的相似。例如,都强调法官后语是对当事人的道德说教,都声称法官后语没有法律约束力,等等,但它们的差异也令人眼花缭乱。笔者将从以下几个方面梳理它们的差异,探讨其合理性,最后厘定法官后语的概念。

(一)法官后语的制作主体

法官后语的制作主体是什么,或者说谁制作法官后语,是谁的后语？第一种定义将法官后语的制作主体界定为合议庭全体法官,第二种定义界定为人民法院,第三、五种定义界定为主审法官或合议庭,第四种定义没有界定,第六种定义界定为法官,第七种定义界定为主审法官。

第一种定义显然有失偏颇,它忽视独任法官这一制作主体。事实上,在我国有不少的法官后语就出自独任法官之手。如,厦门沧浪法院郭静法官为邱某诉颜某一案写到:"区区用水,同室操戈,一拘一伤,身心俱疲;对簿公堂,已伤亲情;一朝诉讼,三番调解,年已不惑,奈皆坚拒,族中晚辈,如何效仿？和谐社会,你我共创,望止争息讼,握手言和,延续亲情!"像这样出自独任法官的法官后语还有很多。第二种定义不够科学。尽管法官后语同判决理由一样都是审判法官制作的,但法官后语并不能代表人民法院的意志,否则就可能被称作法院后语。法官后语在法律上就有约束力,即使法官后语在其产生过程中得到了许多人民法院的许可甚至极大的支持。第四种定义没有说明法官后语的制作主体,显然不符合我们定义的习惯。第六种定义界定不清晰。尽管法官后语的最终主体是法官,但是什么样的法官,包不包括没有参加案件审判的法官,是一个法官还是多个法官,等等,需要进一步明确。第七种定义也不够全面,主审法官肯定包括独任审判员,但在合议审判中,法官后语并不是由主审法官的个人建议。尽管中华民族历史悠久,传统道德规范相对统一,在漫长的历代道德教化的作用下,中华民族的道德观念达到高度一致,但我们还应看到,在一个文化趋向多元的当代社会,道德评判同样具有多元性和不确定性。

在法官后语中所适用的道德标准,必须能为社会大多数所认同。为确保如此,法官后语应该是合议庭一致意见或多数意见,是合议庭对某些观点的阐释和观念的倡导,是共同认同的道德价值取向,而非个别法官的感情用事或过分个性化的好与恶。综合上述,笔者认为法官后语的制作主体应该是合议庭或独任法官。

---

① 吴学安.法官后语的利与弊[N].工人日报,2003-01-18.

(二)法官后语的具体位置

关于法官后语的具体位置,理论界说法不一。第一、二、四、七种定义认为法官后语应该在判决书规范性格式之后或者判决书结尾,即在审判人员、文书制作年月日、人民法院院印以及书记员署名之后,这种模式被人称为后置式或者外挂式。① 第三、五种定义认为在判决书的判决主文或正文之后,尾部之前,这样法官后语成了判决书一个重要组成部分。因判决书尾部要加盖人民法院公章,会让人产生法官后语有约束力的错觉。第六种定义没有说明具体的位置。

当前,由于最高人民法院尚未针对法官后语做出任何说明或司法解释,各地法院在适用法官后语的形式上较为混乱。使用最多的是后置式或者外挂式,这种模式为上海市第二中级人民法院所创造,后来被不少法院相继运用。其次便是蹂合式,它通常的做法是在论述案件的法律依据时,顺便或者看似随意地把该案件所涉及的一些道德或者伦理方面的内容说出来,把道德说教作为理由的一部分和该案件的相应的法律依据蹂合在一起综合论述,如江苏建邺区法院金立安法官在审理潘某诉黄某人身伤害赔偿一案将道德说教融入判决书正文中,在正文说理中运用道德规范来补充法律说理的不足。另外,个别法院尝试将法官后语独立撰写,并与判决书一同送达当事人。② 这种做法割裂了法官后语与判决书结构的关系,笔者认为不值得提倡。

法官后语的具体位置应该在哪里?尾部之后还是理由之中?或者说外挂式和蹂合式究竟谁优谁劣?有人撰文力挺蹂合式,认为:第一,这样处理法官后语的做法和国际接轨,因为不管是纵观还是横观,大凡世界上判决书中有法官后语的,基本上采取的都是这种做法;第二,这样的法官后语是在继承中华民族的优秀历史和传统,具有文化的传承性;第三,论述案件的法律依据时同时把涉及的一些道德或者伦理方面的问题作一论述,可以在法律里面见到道德、在道德里面呈现法律,二者相互作用、互相渗透,能够达到法律和道德的和谐统一。③ 这些理由值得商榷。首先,只有在英美法系判决书中,才有类似于法官后语的道德教诲。法官可以表达某种信仰、警告、劝解、观点或某种感情,但这种道德教诲并不是法官后语,是判例制度的结果,是裁判理由不可或缺的部分,广大的大陆法系国家没有法官后语,何谈和国际接轨?其次,我国古代判决书中确实存在着大量的道德说教,但这些道德说教是以礼入法的产物,是裁判理由的重要组成部分,

---

① 上海市第二中级人民法院研究室.裁判文书附设法官后语的思考.法律适用.2002(7).
② 张振华.裁判文书附设法官后语之再探讨.法制与社会,2007(10).
③ 张建成.法官后语论.河南省政法管理干部学院学报,2006(3).

不是法官后语,因此何谈文化传承?

最后,判决书应该以法裁断,但法官后语毕竟不是法律,而是基于伦理、道德方面的考量而提出来的,把不属于法律规范的内容写入规范的判决书,而且作为裁判理由的一部分,很难说不会造成法律上、司法上的障碍。这种做法需要判决书的制作者不仅具有很高的法律素养,更要兼具一定的文学素养,否则容易模糊道德和法律的区别,从而动摇法律的权威。就目前我国法官水平看来,推行起来有很大困难。

因此,法官后语应该附设在整个判决书之后,使之成为一个独立的组成部分,位置明确、清晰,地位鲜明、独特,使人觉得法律裁判在先,道德说理在后,二者兼顾。而且,这种做法对现有判决书结构影响不大,有利于司法改革的渐进与稳定,同时对法官的文学涵养要求不高,符合我国现有法官水平的现状,因而也有利于司法改革的推行。

(三)法官后语的内容

关于法官后语的内容,学界也是众说纷纭,有的认为是有关法律、伦理教育或个案启示的简短文字。如第一、二种定义;有的认为是在判决书中阐明不足或不便阐明的而又要做深入探讨的问题,如第三种定义;有的认为是道德、伦理教育以及个案启示,具有道德倾向性的、不同于法庭判决理由或不同意见的一些意见和看法,如第五种定义;有的认为是对当事人进行道德教育和感化的按语,如第六、七种定义。其中,个案启示和判决书中阐明不足或不便阐明的而又要做深入探讨的问题,从内容上看来不是法律就是道德,抑或兼而有之。因此,按照法官后语的内容,学界的观点可以分为两类:一类是法官后语只能进行道德说教;一类是法官后语可以进行道德说教,也可以进行法律方面的阐释。我们认为前者较后者更具有合理性。

法官后语的内容应界定为对道德范畴问题的评价,而且属于在判决书正文中不该写或不便写的内容,如在裁判理由部分阐述中所涉及的道德观念、人生理想、人格境界、善与恶问题。这些内容放在裁判理由中阐述,既会破坏判决书严谨、庄重的风格,也会导致裁判思路紊乱,条理不清,从而削弱裁判的法律效力以及说服力;但是,如果不作出说明,又不能消除当事人对裁判的抵触情绪,或是会引起当事人对裁判的合法性、合理性的猜疑,这时如能恰到好处地附上法官后语,向当事人阐明法律,从伦理、道理、公平、正义等方面对当事人进行感化,晓之以理,动之以情,谴责、训诫不道德行为,倡导良好的道德风尚,不仅给较为僵化、生硬的判决书增添人性化色彩,也强化了判决书的权威性和说服力。属于法理和法律适用方面的内容,应该在裁判理由部分加以补充论述。法官后语不应该是合议庭的法律意见或对当事人的法律教育,而是法外之声、弦外之音。^①法官后语若为法律方面的意见,必然混淆法律与道德在适用上的区别,极易引起法官后语具有法律效力的误判,容易导致将本来应该写入裁判理由的内容写入法官后语之中,进一步削弱判决书的说服力,这在现在司法改革中无疑是舍本逐末。

司法实践中,部分人民法院在其判决书之后所附的"法官忠告",其中除了对当事人进行教育、劝诫的内容外,附加法律条文具体内容、当事人上诉权的行使方法和法律意义、自动履行裁决的义务和不履行的法律后果、执行申请的提出方法、人民法院的联系方法和方式包括邮政编码、电话、电子邮箱等内容,^②笔者认为法律条文的内容、当事人上诉权的行使方法和法律意义、自动履行裁决的义务和不履行的法律后果、执行申请的提出方法等属于人民法院判决书的法定内容,它们的表述位置和写作内容在相关法律文书格式里面都有严格的要求和规定,把它们写入法官后语,使法官后语不伦不类,从而破坏了法官后语道德说理的效果;而人民法院的联系方法和方式属于当事人和人民法院如何取得联系的途径,和法官后语有着本质的区别,不能成为法官后语的组成部分,能否作为判决书的内容而列于判决书之中,则是一件更值得商榷的事情。

(四)其他方面

在适用范围上,上述法官后语定义也有区别,有些定义主张法官后语只适用在判决书中,如第三种和第五种,更多的是主张适用在判决书中,如第一种和第二种等。笔者认为后者更合理,法官后语主要适用在判决书中,但裁定书、调解书、决定、命令等,也可以适当地运用法官后语进行道德劝诫。

在适用目的上,上述法官后语定义略有不同,大多数定义主张对当事人进行道德教育。亦有少数定义认为,除对当事人进行教育外,还可以对一些相关人员进行教育,如第二种。还有一些定义没有表达适用目的,如第五种。笔者认为法官后语的主要目的是对当事人进行道德教育,它有时可能对其他人会产生影响,但这只是附带产物,没有新闻媒介的关注和报道,对其他人的影响很小。

在语言方面上,一些定义强调法官后语文字简洁,如第一、二、四种,一些定义则没有要求,法官后语语言应该简洁明了,使当事人一目了然,易于接受,篇幅短小精干,防止长篇大论,喧宾夺主。

法官后语是合议庭或独任法官附属于判决书规范性格式之后一段对当事人给予道德教育而不具有法律约束力的简短文字。这个概念强调法官后语的制作

---

① 王亚明.法官后语,说出法官心里话.法治时代,2002(9).
② 周道鸾.情与法的交融——裁判文书改革的新的尝试.法律适用,2002(7).

主体是合议庭或独任法官,位置是附设在整个判决书之后,内容仅限于道德说理,适用于所有判决书,目的是对当事人进行道德教育,语言要求简洁。

二、法官后语与判决书说理

（一）法官后语的本质

法官后语是指附属在判决书规范化格式之后一段对当事人给予伦理教育的简单文字,代表法官的道德评判,是对裁判理由和结果的补充说明,属于道德范畴。[①] 从本质上说,它是对判决书判决结论的道德论证,虽不具有法律的约束力,但视案件的需要,可以成为判决书结构的一部分,它也是说理的方式,"要改变目标对象的态度,说理者既可以借助理性说服也可以借助情绪唤醒,也即平常人所说的晓之以理动之以情"。[②] 不过这种"理"是道德而不是法律。

这种表示道德规劝的做法在英美法系国家并不陌生,只是采取了另外一种形式即附带理由的形式。在英国和美国,判决理由由两个部分组成,即"决定性的理由"和"附带性的理由"（附带性意见）,前者构成判例规范,在没有立法、司法或修正案修改之前,将约束法院的判决并受到尊奉。因此,法官为了支持其判决须详尽地说理,这就是有约束力的法律理由,后者即附带性意见,它的内容则没有这么权威,实际上单方面表达法官的某种信仰、警告、劝诫、观点,或仅仅表达某种感情,附带性的理由（附带性意见）。从有无约束力角度来看,它属于道德而不是法律,其价值仅仅是说理性的;从持有者人数角度来看,它属于少数意见,而不是多数意见。但有时候它可能预示未来的发展方向。这种附带性意见,通常出现在判决书正文。

大陆法系国家由于坚持立法至上、相信法典完美无缺,法院不是法律帝国的首都,法官还不是法律帝国的王侯,不能染指法律的制定,仅以法律适用者的角色进行严格的形式逻辑推理,他们将法律与道德分开,判案时敏锐地回避法官个人的道德良知,尽管实际上可能受到道德情感的影响。因此,严格程式化的大陆法系国家判决书不可能出现法官后语。

（二）法律理由的有限性

公开判决理由在现代国家已经普遍建立起来,尽管每个国家做法有所差异,但无一例外将这一理由界定为法律。因此,一些与法律相背离的却合理的诉求、

---

① 周道鸾.情与发的交融——裁判文书改革的新尝试.法律适用,2002(7).

② 申荷永.社会心理学原理与应用.暨南大学出版社,1999:116.

证据被拒绝,这是法治时代法治国家必要的代价。但法律是万能的吗？法律能为我们提供详尽的理由吗？

概念法学派认为法典万能,法律具有严密的逻辑体系,法官只需严格按照三段论逻辑演绎就会得出法律适用的结果。而社会法学派打破了这一神话,使人们更多的关注社会行为、社会秩序和社会利益,而不是本本上的法律。社会法学派告诉我们,由于立法者认识能力的局限性,很多社会现象无法纳入视野;由于事物的复杂性,很多现象立法不宜;由于社会的不断发展,法律总是相对滞后——法官不得不面对严格的法律和社会现实间的矛盾。

同时司法实践表明,由于法官素质不高,很多当事人的诉求并不以"法律"为证据,他们心目中的道德构想支持着他们讨个说法。法官的法言法语尚不足以平其心头之愤,道德的说教符合他们的需要。虽然法律本身是道德的或是最低限度的道德,法律和道德有联系,但法律和道德还有重大区别。当然在法官判决中法律是第一位的,道德是第二位的。

（三）情与法的不可或缺

法官后语不仅缘于法律理由的有限性,还在于人类生活情与法的不可或缺。但提到"情、情理",就有人认为是对法律、法治的亵渎,因为法不容情,"情"会为法官徇私枉法留下借口,其实这是对"情、情理"的误解。正如"法不外乎人情",并非人之私情,是不违反法律和政策之情理,符合公序良俗之常情。法官后语并不与法律相冲突,也不与法解释的情理性、法官的自由裁量相矛盾,因为后两者都是法律适用的环节,要受到解释程序、裁量权限的约束,而法官后语是非规范的具有灵活性。

法治要求法官认定事实和适用法律要把作为判决理由的法律的原理、寓意阐释清楚,我们从判决上只能评估它法律上的正确性。法治要求法律作为判决的最高依据,但却不阻止也不能阻止法官在法律理由的基础上对判决"情理法"交融的追求。

如果说判决理由是在认定事实和适用法律上求真、求其判决的合法性,那么法官后语就是求善、求其判决结果的合理性。法官后语是判决理由的逻辑递进,在求真的基础上求善,在形式合法性的基础上追求实质合理性。判决理由是科学主义体现,法官后语是人本主义关怀。

但德国法学家韦伯提到司法时将适用法律分为形式上的合理性（法律逻辑和推理等方法论）和实质的合理性。实质的合理性是:法律制定或适用者自觉地遵循某一种原则,这些原则可能是伦理思想的体系,或理性的观点性,或清晰的政策等。弗兰克更是略有夸张地认为司法判决是法官道德情感、个性等的产物。

且道德说教在我国判决中更是具有悠久的历史传统。梁治平先生对我国古代判词进行研究后认为，"判词中还出现大段的说教、感慨，道德上的愤怒和申斥，先贤圣哲语录以及具有道德教训的古代故事的引述，这些东西即使不是直接的判决根据，至少也是对判决发生重大影响的一些比较间接的因素……虽然这种做法因为受客观条件的限制，事实上不可能十分普遍，但是从逻辑上说，每一个案件的判决都可以包含这种东西"①。

可见，古往今来一切法官在裁决时，道德情感不可避免。法官后语与否并不表明他们是否为情感所左右，任何证明或掩盖未被情感左右的方法是多余的。

（三）法官后语的功能

依据道德取向将法官后语分为家庭伦理类、职业道德类、社会公德类。依据不同的类型，法官后语有不同的功能。人们不希望看见这种因诸如不尽为人父、为人子之伦常义务而诉诸法庭的现象，毕竟，家庭美德的失落让善意的人们感到一丝无奈。法官作为公正善良的执法者，在对这类案件作出依法裁判后，同样有所感触，于是在法官后语中，出现了对家庭美德的倡导、对不和家庭成员的劝谕。法律可以对各种职业的基本要求作出规定，也可以制定保护处在相对较弱地位的群体的规定，但在对这些案件依法作出裁断后，仍有话语盘桓在法官脑海：法律上来说，当事人并未违反规定，但其工作确存在瑕疵，不尽完善，倡导良好职业风范和职业道德类型的法官后语便应运而生。对违反社会公德但却没有违法的行为，法官后语可以结合个案，对人们进行道德的教育、劝导和感召，使人们在道德观念上产生认同，以促进自律。② 这些功能综合起来，主要分为以下两种类型。

（1）教育感化。法官后语以真情感化当事人，化解他们之间的矛盾，燃起当事人对生活的希望。

> "本案二被告代表政府实施城中村拆迁惠民工程，系为民谋福祉之举，善莫大焉，然百密尚有一疏，未及时恢复原告家人供电系明显疏忽之行为，望为民之善行愈加谨之慎之，力求全面。原告亲属于家兴殒命之痛，归根于未及时转移患者于安全用电处之懈怠之举，然逝者已矣，望亲属珍惜亲情重拾生活之希望。本案于情、理、法斟酌再三，欲使双方和解而无果，惟愿判决之后双方能定纷止争、各自安好。"③

① 梁治平.寻求自然秩序中的和谐.中国政法大学出版社，1997：290+292.
② "裁判文书中的法官后语"，载《人民法院报》，2002-07-15。
③ 程洁.法官后语温情疏导　辩法析理双方释怀，http://dyzy.sdcourt.gov.cn/dyzy/372851/372853/5913262/index.html＃。

（2）鞭挞谴责。法官后语通过鞭挞社会黑暗，矫正当事人不正确的认识，唤起他们未眠的良知，充分体现了对当事人的关怀，拉近判决与民众的心理距离，增强民众对司法、法律以及法官的理解和尊重。

> "本案技术教育责任距损害结果过于遥远，长白职校可免责，但事发后，作为一教育机构，其教师连起码的道义上通知义务亦未履行，竟然坐视未成年学生受伤于不顾，未通知学校派成年教工护送伤者就诊，有悖于职业道德和社会公德，也损害了自身的职业形象。"①

三、法官后语与判词劝谕

我国古代判词中经常会出现大段的说教、感慨，以及道德上的愤怒和申斥，从道德上对当事人表示劝勉和告谕，这些判词劝谕在古代司法实践中发挥着重要的作用。当代法官有意识地借鉴古代判词的制作方法，于法理之外对当事人进行道德教诲，形成了法官后语。法官后语在其主要内容、说理方式和语言风格方面与古代判词劝谕有众多相似之处，但亦有不同。本书试图通过对法官后语与古代判词劝谕进行比较，厘清二者的异同。通过比较法官后语与判词劝谕，指出二者在内容上都表达司法官员强烈的道德情怀，说理方式上都大量地诉诸情感，语言风格上都具有文学化倾向，而在判决书理由中的地位、与判决书法律理由关系、在判决书中的结构位置等方面存在差异。文章认为，法官后语的运用是对古代判词劝谕的扬弃，继承判词劝谕的优点，增强了判决书道德层面上的说理性，同时克服了判词劝谕缺点，树立了法制的权威，适应了依法治国的需要。

（一）法官后语与判词劝谕的相同点

1.内容上表达司法官员强烈的道德情怀

我国古代司法官员多是儒家出身，儒家主张德主刑辅，认为道德是社会治理最主要的手段，而法律只是一种辅助方式，这些具有儒家思想的司法官员在判词中不可避免地会表达他们的道德情操，因此古代判词呈现出明显的道德化倾向，经常会出现大段的判词劝谕。这在历朝历代的司法实践中都较为常见，例如明朝末年的《三言二拍》留下许多经典的判词劝谕。在"赵六老舐犊丧

---

① 上海二中院金剑诉康晓东、曲阳中学、长白职校案法官后语。这里法官后语起到两个作用，既鞭挞谴责长白职校又安慰受伤的学生，表明法律为什么判他败诉，显然法律理由无法做到这点。

残生"一案中,^①知县张晋判道:"杀贼可恕,不孝当诛。子有余财,而使父贫为盗,不孝明矣! 死何辞焉?"最终判处赵聪死刑的不是因为他杀人,而是使父贫为盗之不孝,判词劝谕字里行间彰显着张知县孝行天下的道德理想。在"乔太守乱点鸳鸯谱"一案中,判词结尾"独乐乐不若与人乐,以爱及爱,非亲是亲"的道德劝谕,让人感受到乔太守充满仁爱的精神追求。

法官后语是法官从个人道德立场出发,给予当事人的道德评判,对当事人或期盼或勉励或谴责,同样流露出法官强烈的道德情怀。例如在陈康美诉上海电信帐务中心损害赔偿一案中,^②上海电信帐务中心虽然胜诉,但其服务在道德上难以适应社会主义市场经济发展的要求,"法官后语"呼吁上海电信帐务中心"应当认真审视其向用户提供的服务中存在的缺陷与不足,尽快转变观念,完善服务,重视用户提出的批评、建议或申诉,以优质服务回报社会"。法官后语通过对当事人施加伦理道德教化,矫正当事人的不正确认识,唤起人性的良知,成为体现公正司法、弘扬法制、促进社会主义精神文明建设的良好载体。

2. 说理方式上大量诉诸情感

判决书的可接受性不仅关乎理性,还关乎感性。诉诸情感是判决书修辞的重要手段。古代司法所追求的最高境界是天理、国法与人情的有机结合,晓之以理、动之以情是古代司法官员常用的说理方式。书法家颜真卿为抚州刺史时,曾经遇到一起离婚案件:

> "邑人有杨志坚者嗜学而居贫,乡人未之知也。其妻以资给不充,索书求离。志坚以诗送之曰:"当年立志早从师,今日翻成鬓有丝。落托自知求事晚,蹉跎甘道出身迟。金钗任意撩新发,鸾镜从他别画眉。此去便同行路客,相逢即是下山时。"其妻持诗,诣州公牒,以求别适。真卿判其牍曰:"杨志坚早亲孤教,颇负诗名。心虽慕于高科,身未沾于寸禄。愚妻睹其未遇,曾不少留。靡追冀缺之妻,赞成好事;专学买臣之妇,厌弃良人,污辱乡闾,伤败风教,若无惩诫,孰遏浮嚣? 妻可笞二

---

① 《初刻拍案惊奇》第十三卷《赵六老舐犊丧残生　张知县诛枭成铁案》记载:某地财主赵聪甚为富有,与其父赵六老分开生活。一天夜里,一人在墙上钻洞,爬进财主家,被家人发现,一阵乱棒,活活打死。举灯一看,被打死的贼竟是财主的父亲! 儿子打死父亲,本应判死罪;而当时只知是贼并不知是其父,按理又不应判死罪。知县张晋判道:"杀贼可恕,不孝当诛。子有余财,而使父贫为盗,不孝明矣! 死何辞焉?"随即将赵聪重责四十,打入死牢。

② 陈康美诉上海电信账务中心损害赔偿一案,被告上海电信账务中心不仅在陈康美办理了电话移机后,仍将账单寄往旧址。而且在之后发出的补单中遗漏了两个月话费单。对此,被告仅用语音方式通知陈康美。在陈康美拒付这两个月话费后,被告遂予以电话停话。一审法院及上海二中院均驳回了陈康美要求被告赔偿停话损失的诉请,因为从法律上讲,被告可以用语音方式发出交费通知,也有权停话。上海市第二中级人民法院民事判决书(2002)沪二中民终字第156号。

十,任自改嫁。杨志坚秀才,饷粟帛,仍署随军。"

该案中杨妻持诗本可以"自由离婚",但颜太守却笞之二十,任自改嫁。判词没有援引律文,却反复诉诸情感,第一,杨志坚嗜学而居贫,深爱其妻,其妻却索书求离,他的境遇着实令人同情;第二,杨妻以资给不充,索书求离,以求别适,给人留下爱富嫌贫、不能从一而终的"坏女人"印象;第三,对大众而言,"厌弃良人,污辱乡间,伤败风教,若无惩诫,孰遏浮嚣?"判词劝谕的情感诉求收到很好的效果,"四远闻之,无不悦服。自是江表妇人,无敢弃其夫者"。

法官后语的运用旨在以真情感化当事人,缓解当事人之间的矛盾,化干戈为玉帛,促使他们过上幸福的生活,因此,法官后语在说理方式上也大量诉诸情感。例如,在吴兰园、黄忠善诉周菊芬债务一案中,"法官后语"这样写道:

> "老年丧子,中年丧偶,少年丧父,实为人间悲剧。本案当事人所遭遇的处境令人同情,但为分割黄国苗的死亡补助金而引发纷争,使亲属间的感情受到伤害,甚感遗憾。吴兰园、黄忠善涉讼求自身权利,心情可以理解;但对同样遭受不幸的儿媳和孙子今后所面临的生活艰辛则缺乏应有的同情与体谅。法律虽然可以公正地处理当事人之间的财产纠纷,但金钱毕竟无法替代感情。摒弃前嫌、真诚以待、敬老爱幼、互相帮助、重修亲情,是本案当事人乃至吴兰园、黄忠善的其他子女今后应深思的问题,也是共同努力的目标。"

本段后语有意识地运用了一连串的情感用词,例如"实为悲剧""令人同情""甚感遗憾""可以理解""遭受不幸""缺乏体谅"等,旨在促使当事人双方相互谅解,互相帮助,重归于好,流露出法官的真情实感。法官后语的情感诉求既增添了判决书的说理性,使双方当事人容易接受裁判结果,也让社会大众从中受到教益。

3.语言风格上具有鲜明的文学化倾向

中国古代判词一般讲究辞藻的华丽、对仗的工整、用典的赅洽以及音韵的和谐,自有一种文学之美。优美的判词劝谕在我国古代司法实践中比比皆是。清朝名吏张船山曾有一段判词:

> "判得才子配佳人,情有必至;傻夫匹丑妇,理所当然。钱玉卿八斗奇才,乃俪陋女;戚秋仙容华绝代,恨婿痴儿。事原不平,耦固失当。于是后园缔密约,认河伯作情郎;香闺起幽期,呼表妹为外宠。鸳鸯枕上,开并蒂之夜;和合衾中,栖双飞之鸟。鸳鸯仙去,不吹秦女之箫;茅店征程,忽遇霄小之幕。捉将官里,苦了酒店长卿;押解回来,却是西家宋玉。本太守为媒,出回天之臂。两方人作主,易鸳谱之名。改无盐以配张郎,洞房中夜叉一对;与京兆以俪仙女,凤衾时玉枝交辉。全两美之

情，弥双方之恨。各安本分，不得违言。自画其眉，毋陨厥职。此判。"

该判词是一篇优美的骈体文，对偶多，对仗工整，极尽文学之能事，如称赞钱玉卿用"八斗奇才"，称赞戚秋仙用"容华绝代"，当描述钱玉卿和戚秋仙私定终身时，又用"河伯"这一代称，对钱玉卿和戚秋仙的私奔则用"鸳鸯仙去，不吹秦女之萧"的隐晦说法等。

古代判词劝谕语言的文学性主要表现在：一、运用多种修辞方法，如排比、对照、反复、借代、双关、夸张，不一而足；二、援经用事，情理法紧密结合；三、词情并茂，多学科语言糅合；四、对仗工整，节律铿锵。其成因主要有二：第一，隋唐开科取仕，要求身言书判统一，讲究词美、文理尤长，对写判的重视为判词劝谕的文学化倾向提供了制度基础，古代判词劝谕作者大都是饱读诗书的儒者，有的甚至以诗人身份步入政坛，正如我们熟知的元稹、袁枚、刘克庄、郑板桥等判词劝谕制作者都是吟诗作赋的高手；第二，从判词劝谕自身的发展来看，唐代是中国古代判词劝谕的成熟期，也是中国文学繁盛时期，判词劝谕很容易受到当时文学的影响。诗歌是唐朝及其以后朝代最常用的文学体裁，盛唐浮艳文风也会影响判词劝谕语言风格的形成。

目前，法官后语在写作过程中格式灵活多样，同样广泛使用文学化的语言，大量运用修辞手法，例如引用、对偶、排比等。大多数法官后语看起来更像短篇文学作品，具有很强的可读性。下面这则法官后语在语言风格文学化方面堪称典范：

> "十年修得同船渡，百年修得共枕眠，风雨同舟二十载，苦尽甜来，倘劳燕分飞，实乃人生憾事。天命之年，上有古稀老人翘首以待，下有儿女殷殷期盼，扶老颐享天年，携幼走好人生关键几步，才是你们俩人当前之要务，人生毕竟还有更重要的东西，如责任、事业、美名和德行。
>
> 　奉劝二位应见成事之艰难，念他人之不易，一方瓜田李下慎避嫌，一方相逢一抿隙瑕，重修于好，举案齐眉，比翼双飞，发展生产，劳动致富，更上一层楼。勿使夫妻成仇，骨肉分离，那样的话，智巧又何足恃？相信你们会理解，做出无悔的选择！"

该法官后语运用了多种修辞手法，例如，对偶，"见成事之艰难，念他人之不易"；引用，"十年修得同船渡，百年修得共枕眠""更上一层楼"；用典，"瓜田李下""举案齐眉"，读起来朗朗上口。法官后语文学化语言风格的形成，究其原因，主要有三：一是对传统文化古代判词的借鉴，古代判词的语言风格对法官后语的写作有不可忽视的影响；二是缘于法官后语的非规范性，其语言风格自然十分灵活，可以游离于法言法语之外，这为文学化语言的运用提供了契机；三是与法官文学素质大幅度的提高分不开，今天法官专业素质不断提高的同时，文学功底也日渐加强。

（二）法官后语与判词劝谕的不同点

1. 在裁判理由中的地位不同

我国早在西周时候就提出出礼入刑、德主刑辅,道德在司法审判中占据重要地位。汉代董仲舒推行的"春秋决狱"方式,进一步推动了司法伦理化的进程,冲破了国家法令对司法实践的机械支配和垄断,使冰冷的司法运作充满了儒家的人性关怀,也使道德劝谕成了判词理由重要的组成部分。例如,清朝判词制作大家张问陶审理的一起"拒奸杀人案",判词最后这样写道:

> "按律因奸杀死门载:妇女遭强暴杀死人者,杖五十,准听钱赎。如凶器为男子者免杖。本案凶器,既为死者陶文凤持之入内,为助成强奸之用,则丁氏于此千钧一发之际,夺刀将文凤杀死,正合律文所载,应免予杖责。且也强暴横来,智全贞操,夺刀还杀,勇气加人。不为利诱,不为威胁。苟非毅力坚强,何能出此!方敬之不暇,何有于杖!此则又敢布诸彤管载在方册者也。此判。"[①]

就本案判词而言,"且也"之前的律文规定"妇女遭强暴杀死人者,杖五十,准听钱赎。如凶器为男子者免杖",是本案判决的法律依据,"且也"之后"勇气加人、不为利诱、不为威胁、毅力坚强"是本案判决的道德理由。法律依据和道德规劝共同构成本案判词理由。

现代国家秉承法律是最低限度的道德,推行依法治国,道德只能作为司法实践的非正式渊源,同时,严格强调判决书的规范性和格式化,道德规劝一般不能作为裁判理由的一部分。只有当法律没有明确规定,遇到疑难案件时,才能诉诸道德判案,司法伦理化受到极大的限制。

2. 与法律理由的关系不同

在古代司法实践中,判词劝谕既可以和法律理由一道论证判决结论,又可以修正法律,凌驾于法律理由之上,改变严格法律推理的结果,从而使判词劝谕成为真正的判决依据。司法官员往往通过以下两种方式实现这一目的,一是援引儒家经典。汉相董仲舒开创引经入狱的先河,《通典》卷六十九记载:

> "时有疑狱曰:甲无子,拾道旁弃儿乙养之,以为子。及乙长,有罪杀人,以状语甲。甲藏匿乙,甲当何论?仲舒断曰:甲无子,振活养乙,虽非所生,谁与易之。《诗经》云:螟蛉有子,蜾蠃负之。《春秋》之义,父为子隐,甲宜匿乙而不当坐。"

---

① 金人叹,吴果迟.大清拍案惊奇.海峡文艺出版社,2003:296.

按律规定,藏匿罪犯是犯罪行为,应受株连,董仲舒却援引《诗经》《春秋》中的亲亲相隐原则判不连坐,后世法官纷纷效仿,引用儒家经典论证判决的合法性。二是直接诉诸道德情感。如宋朝著名法官胡颖受理了一起母讼子不供养案件,案情如下:

> "蔑妇阿蒋,裁然子立,所恃以为命者,其子钟千乙而已。其子狼狈如许,既不能营求勺合,以赡其母,阿蒋贫不聊生,至鬻其榻,以苟朝夕,剥床及肤,困穷极矣! 钟千乙又将其钱妄用,久而不归,致割其爱,声诉至官,此岂其情之得已哉!"

根据上述案情,若比照法律规定,构成不孝之罪的各种要件(供养有阙、母告)均已具备,自当援例而判,然而,法官却诉诸道德情感,判决如下:

> "钟千乙合行断治,今观其母赢病之余,喘息不保,或有缓急,谁为之倚,未欲真之于法,且责戒励,放。自此以后,仰革心悔过,以养其母。本州仍支五斗,责付阿蒋且充日下接济之须。"

古代司法官员之所以经常以德废法,一方面是因为古代法制并不完善,司法官员通过道德规劝可以弥补法律漏洞,另一方面,历代君王重视仁政德治,以德废法有时也迎合了统治者的需要。另外,文人出身的司法官员嗜好舞文弄墨也在一定程度上增加以德废法的可能性。

法官后语作为道德教化可以和法律理由一起论证判决结论,以增强判决书的说理性,但法官后语不能凌驾于法律理由之上,更不能改变判决结果,道德理由只是处于法律理由的从属地位。这是现代法治建设的必然要求和当然结果。法治建设要求树立法律至上的权威,反对人治以及任何变相的人治。

3. 在判决书中的位置不同

道德劝谕是古代判词理由的重要组成部分,处在判词正文之中,或处于法律理由之前,或处于法律理由之后,和法律理由有机融合在一起,往往以"此判"结尾,论证全文。

法官后语的具体位置主要有三种模式,一是内置式,一些法院在判决书的正文之后,尾部之前附上法官后语;二是外挂式,即将法官后语放在判决书结尾,即在审判人员和书记员署名、文书制作年月日以及人民法院院印之后,是目前使用最多的模式;三是糅合式,一些法院把道德说教作为理由的一部分和该案件的相应的法律依据糅合在一起综合论述。从结构上看,与判词劝谕不同,法官后语更多的是,处在判决书正文之外,而不是正文之中,如内置式和外挂式。糅合式更类似于判词劝谕,但经常遭到学者批判,如果将法官后语置在正文之中,首先就不叫"后语"了;其次,作为裁判理由的一部分,很难说不会造成司法上的障碍,这种做法要求判决书的制作者具有很高的法律素养和较深的文学素养,否则容易模糊道德和法律的区别,动摇法律的权威。另外,若把不属于法律规范的内容写入规范的判决书,因为判决书尾部加盖人民法院公章,这样会使人产生法官后语具有约束力的错觉。①

(三)法官后语是对判词劝谕的扬弃

通过以上比较,我们可以看出,法官后语和判词劝谕有许多共同点,在内容上都表达了司法官员强烈的道德情怀,在说理方式上都大量地诉诸情感,在语言风格上都广泛地使用文学化的语言。不少人据此认为裁判文书传情达理古已有之,于今更盛而已。法官后语不是新生事物,法官后语这种表现方式,无论如何不是创新,推广法官后语是对我国传统判词的一种继承或者有效传承。② 这种说法似乎只看到法官后语和判词劝谕的共性,而忽视了法官后语的特殊性。法官后语和判词劝谕在判决书理由中地位不同,与判决书法律理由关系亦有差异,在判决书中的结构位置上也大相径庭。我们认为,法官后语是我国法律文化发展的结晶,是法律文化变迁中最具典型意义的杰出代表。法官后语的运用是对古代判词劝谕的扬弃。继承判词劝谕的优点,增强了判决书道德层面上的说理性,同时克服了判词劝谕的缺点,树立了法制的权威,适应了依法治国的需要。

四、法官后语与附带意见

1996 年,上海市第二中级人民法院在一份人身损害赔偿案件的判决书中,别出心裁地附上一段对当事人具有教育意义的法官后语,并公开发表"裁决文书附设法官后语的思考"一文。从此,法官后语在社会上产生了不小影响,不少基层法院和中级法院纷纷效仿。学术界为此展开了激烈争论,有人认为上海市第二中级人民法院推行法官后语是创新;有人认为不是创新,是借鉴英美附带意见的产物。法官后语与附带意见到底关系如何,本书试比较法官后语与附带意见,厘清二者的异同。笔者认为,法官后语与附带意见在判决书结构上都可有可无,说服力上都存在不确定性,对案件都不具有约束力。但二者并不相同,它们在结构位置、主要内容、运用目的和未来发展等诸多方面存在较大差异。法官后语应该是我国法官创新的产物。

---

① 王贵东.法官后语概念的厘定.法制与经济,2011(2)72.
② 张建成.法官后语论.河南省政法干部管理学院学报,2006(3)100.

（一）法官后语与附带意见的相同点

1. 判决书结构上可有可无

从最高法院公布的判决书样式和三大诉讼法来看，法官后语不是判决书结构的必然要素，不是法律规定的不可或缺的部分。当下只有极少数法院在判决书中附设法官后语，试图打破传统判决书僵化的结构和千篇一律的制作模式。

英美判决书一般包括以下内容：案件名称、法院级别与判决日期、案情事实、原告的诉求、此案先前的审判程序和前审的判决结果、双方的辩论观点、法官的意见和原因、现在待解决的问题、本案法官的推理、判决理由和判决结果。由于英美判决书比较强调法官个人的特点，样式灵活，结构松散，判决书中常常出现附带意见，但附带意见并不是判决书的必然要素；而且司法实践中很多判决书也并没有记载附带意见，附带意见对于案件判决来说不是非要不可的。

2. 对案件不具有约束力

法官后语从本质上说是法外的道德说教，对当事人没有约束力，这是道德调整模式的缺陷所在，也是道德调整模式和法律调整模式重要区别之一。由于我国并不实行判例制度，对后来法官更无约束力可言。

在英美判决书中，并非所有内容都有约束力，只有"正式意见"中确立的法律原则有约束力，构成判例规范，今后如果没有被司法、立法或者它们的修正案修改，该法律的原则将得以编撰，约束法院的判决并受到尊奉。而附带意见如果有充分的说服力，可以被采纳，但并不具有约束力。

3. 说服力上存在不确定性

法官后语之所以被很多人追捧，除了它在判决书结构上的创新，打破了传统的判决书制作模式外，还有一个重要原因，在于它有较强的说服力，增强了判决书的说理性，一些案件，如吴玉园、黄忠善诉周菊芬债务案，陈康美诉上海电信账务中心损害案，因为法官在判决书后附设了法官后语，被告看后十分感动，立即致函法院表示感谢，愿意服判。不过，部分学者质疑法官后语的说理方法，"法官们何以将严格地依法裁判与道德的教化与鞭挞高度融为一体？裁判依法而为后语依情依理作出，如何在方法上让人们相信，司法裁判未被法官个人的情感判断所左右？"[①]英美判决书中的附带意见虽无约束力，但有说服力。附带意见的说服力体现在，如果附带意见来自于经过深思熟虑的上级法院法官，那么在没有与之相反的有约束力的法律陈述时，它也常常被尊重及遵循。但并非所有的附带意见都有说服力。一般来说，附带意见有没有说服力以及说服力的大小往往取

---

① 葛洪义.法律思维与法律方法：第2辑.中国政法大学出版社，2003：265.

决于发表意见的法官的威望、学识、能力、人格魅力、说服性语言的正确性以及被说服者即案件当事人理解和接受的程度。

(二)法官后语与附带意见的不同点

1. 结构位置的差异

在我国,由于最高法院还没有公布新的裁判文书样式,法官后语的具体位置还在探索阶段。有学者认为在判决书的主文或正文之后,尾部之前附上法官后语,这种模式因为尾部要加盖人民法院公章,这样会使人产生法官后语是判决书一个重要组成部分、有约束力的错觉。还有学者建议把道德说教作为理由的一部分和该案件的相应的法律依据糅合在一起综合论述,这种模式把不属于法律规范的内容写入规范的判决书,而且作为裁判理由的一部分,很难说不会造成法律上、司法上的障碍。这种做法需要判决书的制作者不仅具有很高的法律素养,更要兼具一定的文学素养,否则容易模糊道德和法律的区别,从而动摇法律的权威。就目前我国法官水平来看,推行起来有很大困难。众多学者主张法官后语应该在判决书规范性格式之后或者判决书结尾,即在审判人员、文书制作年月日、人民法院院印以及书记员署名之后,这种模式为上海市第二中级人民法院所创造,后来被不少法院相继运用,是目前使用最多的模式,也是最好的、最值得推广的模式。

在英美法系国家,"附带意见"和"正式意见"共同构成判决书的判决理由。在"正式意见"部分,法官为了支持其判决,根据先例或者法律,或者斟酌公共利益,对案件进行详尽的推理、分析和论证,力求无懈可击。在"附带意见"部分,法官只是单方面地表达某种信仰、警告、劝诫、观点或某种感情,附带意见虽对案件没有约束力,但构成判决书判决理由的一部分,一般被放在判决正文中,与"正式意见"糅合在一起,有时两种意见区分起来十分不易。

2. 主要内容的差异

在我国判决书中,法律理由可以在判决理由部分展开,而道德说理无法找到合适的位置,这便为法官后语的形成提供了契机。法官后语就是主审法官从道德角度对当事人的期盼勉励或鞭挞谴责,其主要内容是道德。众多的法官后语印证了这一点,正因为如此,不少学者定义法官后语时,强调道德规劝,如法官后语"是法官结合具体案件、于法理之外对当事人进行道德教育和感化的按语"。①

附带意见主要有两类。第一类附带意见是基于未经查实的或虽经查实但未经证实为实质性事实的法律陈述。在郎德尔诉沃斯利案中,上议院发表了一个

---

① 程洁.裁判文书中的法官后语.人民法院报,2002-07-15。

意见,内容是说辩护律师在越权代理时可能被追究民事侵权责任,而事务律师在作为一个辩护人活动时可以享有诉讼豁免。由于该案仅涉及辩护律师作为辩护人活动时的责任,上述意见当然是附带意见。第二类附带意见是虽基于查证的事实但不构成判决基础的法律陈述,反对意见、并存意见就属于典型的此类附带意见。附带意见的类型还有很多,但一般不涉及道德范畴的问题,它只是对各种可能的事实进行补充的法律说明,其主要内容是法律。如,在美国宪政史上最著名的美国银行案即麦卡洛克诉马里兰州案判例中,马歇尔大法官的附带意见是"本意见并不剥夺各州原先占据的任何财力资源。它并不扩展到州内其他地产所共有的银行地产税,也不扩展到和州内其他类似财产所共同的利息税"。在Kelo v. s New London 一案中,大法官斯蒂文斯的附带意见是"地产业主应向其所在州法院寻求帮助,其有权选择是否对经济开发征用施加合法限制"。

3. 运用目的的差异

我国法官后语的运用具有两大目的,其一,教育目的,或者以真情感化当事人,化解他们之间的矛盾,燃起他们对生活的希望,或者通过鞭挞社会黑暗,矫正当事人不正确的认识,唤起他们未眠的良知。其二,说服目的,说服当事人接受判决结果,以求息事宁人。说服方式主要有两种,一种是运用道德和法律的一致性加强对判决结果的论证,一种是运用道德和法律的差异性论证判决书结论的可靠性。

附带意见在英美判决书中使用的,其目的仅仅是说明性的,表明法官的法律立场和态度,而非教育性的,英美法官始终注意保持自己法律卫士者的身份,警惕以道德卫士者自居。英美法官在撰写附带意见时也有其说服目的,但他们并不企图说服案件当事人,因为当事人对于烦琐的英美法律体系理解和接受程度十分有限,法官也并不试图说服合议审判的其他法官,因为合议庭已经经历了充分的辩论阶段。法官在制作附带意见时试图说服的只是未来的法官,也许就是为了使联邦上诉法院的其他法官信服而同意重新审理此案,或者使联邦最高法院法官受理上诉,或者使另一法院的法官以该持附带意见法官所建议的方式来判决未来案件。

4. 未来发展的差异

我国属于成文法国家,法官在司法过程中只能援引成文法判案,法官后语是法官有感于个案而形成的道德规劝,本质上属于道德说理。法官后语的内容未被奉为立法时,不可能被判决书所援引。

英美法系国家实行判例法制度。一般来说,判决理由所确定的法律原则应该得到严格遵循,但随着时间的推移,案件情况的变化,法官人员的变更,当初所确立的法律原则很有可能被推翻,而当初的附带意见很容易变成多数意见甚至一致意见。正如大法官马歇尔所言,附带意见,在意见书中经常出现,有时候可能预示着未来的发展方向。① 1896 年最高法院 John Harlan 大法官在 Plessy v. Ferguson 案件中反对"分离但平等是合理的"的多数意见,发表了他充满智慧的异议,"我们的宪法是色盲的,既不知晓也不容忍对公民进行区分",半个多世纪后,这一附带意见在 Brown v. Board of Education 案件中便说服最高法院,使公共教育中"分离但平等"的做法从此不再有容身之地。② 再如,戴林法官在伦敦中心财产信托公司诉高级林荫住宅一案中对衡平法上禁止翻供原则所作的陈述,原本是一个附带意见,但被上级法院所采用,现在已成为一个衡平法原则。

　　通过以上比较,可以发现,法官后语与附带意见十分相似两者又不相同,在主要内容、结构位置、运用目的和未来发展等诸多方面存在较大差异,法官后语并非是借鉴英美判决书制作的产物。由于大陆法系国家其自身历史原因及思维方式特点,判决理由部分仅限于对适用法律的解释与分析。判决书的语言及格式比较固定,具有严格格式化的特点。大陆法系国家判决书中没有法官后语,因此,法官后语应该是我国法官创新的成果。

---

①　Henry Abraham,"Dual Structure of American Courts", "Selection and Appointment of Judges in the United States",The Judiciary. 10th edition. 1996.

②　龙卫球."一个鼻孔出气"的司法体制之争. 政法论丛,2009(9):153.

第六章　影响判决书说理性的其他因素

判决书说理是一个浩大复杂的系统社会工程。判决书说理性深受判决书自身结构的制约，但并不是说就不受其他因素的影响。一般来说，一个国家的文化传统、法律制度类型以及法官综合素质对判决书说理都起着重要作用。提高判决书说理性，必须综合治理，多维发力。

第一节　文化传统

理性文化催生判决书说理。古代统治者笃信"民可使由之，不可使知之"的陈腐教条，实行司法擅断，认为判决是权力的行使，人民只有服从的义务，所以无须说明理由。因此，判决并不说理，这种现象随着理性主义的复苏和司法民主的出现，才得以改变。如意大利从 16 世纪起，德国从 18 世纪起，判决说理的做法才正式确立起来，法国在 1790 年，德国在 1879 年作为一项普遍的义务强制使法官在判决中说理。判决从不说理向说理的转变，不仅仅是表现形式的改变，更主要的是代表了理性文化的兴起和司法民主化的趋势。理性文化要求判决必须是基于民主的而非基于恣意和擅断作出。

一、不同的文化影响判决书说理语言风格

在大陆法系国家，成文法确立有近二十个世纪的历史，拥有深厚悠久的法学文化，受罗马法影响，法律规范体系化、整体化，因此，这些国家的判决理由都有着简练、缜密等特点。例如，法国法官追求明晰简洁、言词有力、规范严谨，德国法官力求思维透彻、精确严谨、学术性强。大陆法系国家的判决书说理简单概括，具有整体性。判决书用语精炼，闲文漫笔式的论述不存在于各法院的判决书中，在审理案件的过程中，不涉及案件的法律史和比较法。在法理证明的风格上，大陆法系国家的判决书极具权威色彩，在解释和适用制定法的过程中，往往带有权威结论性。在司法传统的影响下，判决书在说理过程中，只出现一种意见，不同意见不被展示，以此维护判决书说理的整体性。

英美法系相对于大陆法系，历史不是那么悠久，容易摆脱法律条文的束缚，

在说理的语言上更大众化和口语化,判决书风格与大陆法系截然不同。英美法系的判决书说理,论证性与对话性较强,不局限于特定的格式,法官可引经据典,旁征博引,辞藻华丽进行说理。面对不同的案件审理意见,会有选择性地展示在判决书中。其中极具代表性的就是美国,在判决书中,法官会撰写结构复杂的判决,公开对价值问题和不同意见进行探讨。比如,在"约西亚儿童虐待案"中,最高法院的终审判决书中的第一句话就是"这是一个悲剧性的案件",以及判决书的最后部分"与其他人一样,法官和律师也很对约西亚深表同情,试图找到一些办法来弥补约西亚所受到的伤害。但感情归感情,我们不得不承认加害于约西亚的不是威斯康辛州而是约西亚的父亲。这些公务员们最可能被指责的是在事情复杂、应该多采取主动的情况下作了旁观者。但他们也是为了保护自己。如果他们很快取消父亲的监护权,又有可能被指控干涉了父子关系,其法律渊源同样是程序公正法条款。威斯康辛州的人民更宁愿他们的州及政府官员们在本案这种情况下不要过多采取行动"。① 从这段文字中不难看到一些带有情感色彩的词汇,法官讲究情法交融、温情脉脉、对话商谈。

二、不同的文化影响判决书说理的模式

对话选择式是经验主义哲学和判例制度的共同产物。经验主义哲学认为,不存在绝对的、具有普遍适用的真理,真理只是相对的,认识真理最重要的方法是归纳和证伪,真理产生于共识,共识源于平等的商谈;而判例制度要求法官不仅遵循先例,而且要辨别和区分,确立可以为后来法官引用的法律原则,所以该模式既是归纳的又是对比的。对话选择式一方面克服了法官单方选取的弊端,尊重了当事人的意见,缓和了法官和当事人之间的紧张情绪。另一方面避免了法官适用法律时无话可说的尴尬,做到了法律适用说理有的放矢,对解决法典冲突、法条冲突时法律适用有着重要的意义。法律分析式是理性主义哲学和19世纪概念法学的共同产物。理性主义哲学相信真理在逻辑上自足完善,否认归纳推理、经验的可靠性,认为可以从一个不证自明的前提推出适当的结论,所以法律分析式是演绎的。而19世纪概念法学认为法解释学有三个任务:第一,法律概念的逻辑分析;第二,将这个分析综合成为一个体系;第三,把这个分析运用于司法裁判的论证过程,所以解释学又是分析的。

法国坚持立法之上,相信立法完备无缺,法官被认为是"自动售货机",不得创造法律,只需要将"包罗万象、详尽无遗"的成文法适用于千差万别的个案,得出结论。法国人相信"无助于案件解决,超出法律之外的论辩充其量不过赋予判

决书一种诡辩外貌罢了。乞灵于经济学的、社会学的或者外交的种种考虑乃是混淆不同类型的辩论，并且埋没了健全推理的正确性"。① 同时，法官为了避免解释法律因此被指责任何造法的倾向，判决书采用直接引用法条式，判决书陈述的大致是法律规则、相关事实以及判决结论，法律规则直接作为判决理由而存在。

三、不同的文化传统影响判决书说理的态度

我国是一个历史悠久的国家，封建社会的历史更是世界之最，长达两千多年，封建时代的法律传统或多或少地影响了现今社会。中国古代长期存在官本位意识，权威主义色彩浓厚，司法官运用司法权时具有一种强权心态，并长期积淀，根深蒂固。对于判决书说理，认为说理仅是细枝末节，只判案不说理，或者有意错误说理，都是司法权运行中的权力作祟。只见司法强权，不见法治精神。法官在判决书中不说理或者错误说理，是对法官所拥有的程序性权力的不当行使甚至滥用。

我国长期以来"重实体，轻程序"，对于一次官司更看重其结果是否公正，至于过程怎样并不重要，判决书在说理过程中很少反映程序事项，法官只要满足于把纠纷处理好，判决书写得好坏没关系。如清朝樊增祥一判词中所批："本县此批，天公地道，尔如不服，任尔上控。尔如真个上控，定将尔秀才斥革，升坐大堂，打尔十板，以为不友不慈、嗜利蔑义者戒！"②该判词为维护社会普遍认同的"友""慈""重义轻利"等价值，虽然明确了当事人的上诉权，但是又限制当事人行使上诉权，体现了古代司法官不重视当事人程序权利的倾向。这种"重实体、轻程序"的传统法律思想，当今也仍有存在，体现在判决书说理中，就是重视实体部分的说理，对程序部分说理文字明显偏少；审理经过以及相关程序事项交代不清；重视裁判结果的公开，但不重视裁判结果形成过程的公开等。司法实践中还存在着"大报告、小判决"的运作模式，列入副卷的审理报告，判案理由以及需要说明的问题等写得较为详细，结案报告字数一般是判决书说理字数的数倍以上甚至几十倍之多，但列入正卷的判决书则往往并不详尽。这也反映出"重实体、轻程序"的倾向。

中国法院和法官在社会中的地位与英美法系和大陆法系的国家相比相差太远。在此意义上，法官在判决书中进行法律逻辑的正当性论证有时是没有意义的。虽然司法独立的口号喊了很多年，各级法院也切实做了很多工作，可是在某

---

① 茨威格特，克茨.比较法总论.潘汉典，译.法律出版社，2003:229.

② 唐文.法官判案如何说理.人民法院出版社，2000：

些情况下,法官还是身不由己。按照当今程序法规定,法官在审判活动中拥有诉讼指挥权与程序控制权,判决书作为一个案件全部审判活动的总结,法官应在判决书中忠实地叙述审判活动的全过程,对当事人诉辩主张、证据的采信、案件事实的建构、法律规范的解释、裁判结果的形成过程都一一进行阐述。

第二节　法律制度

一项制度的顺利实施直至成功,是需要其他制度呼应配合的。其他相关制度与该制度在整个社会制度的大背景中,无缝衔接,默契配合,最终才能促成该制度的成功。在我国加强判决书说理的改革过程中,除去诉讼内一些制度的影响外,诉讼外的几项制度也与判决书说理的详尽程度有着密切联系。

一、法律制度的类型

一般来说,判例制度较之于成文法制度更容易催生说理性更强的判决书。法官审理案件时首先思考的不是法律原则是什么,法律规则是什么,而是摆在面前的问题是什么,案件与先例的区别是什么,反复斟酌案件的本质及合理性,因此要求法官不能满足一两个成文法的条款,要将问题分析得尽可能透彻。如果某一个问题是法官第一次遇到,他便要借助一般法律原则、法律发展一般趋势、立法背景所提示的立法意图、其他法院在相同问题上判决的理由、学者们对这一问题的一般看法、非利害关系人对同一问题可能持有的看法以及法官个人对法律公正性的把握等方面来撰写判决理由,以支持其判决。他要同律师、其他法官、死人与尚未出生的人展开一场对话,试图说服他们,这无疑会增强判决书的说理性。伴随判例制度的诉辩交易制度、案件分工制度、法官助手制度、判决书署名制度,等等,都是影响判决书说理功能背后的因素,[①]所以,实行成文法制度的大陆法系国家的判决书说理只能望英美之项背。

判例制度对判决书的影响,不仅体现在西方国家,在我国古代也有明显的体现。我国古代尽管突出制定法的地位,但判例始终是制定法的重要补充,在司法实践中发挥着重要作用。判例制度的存在造就了我国历史上大量的优秀判词,在德主刑辅的时代里,这些判词注重道德说教,具有很强的感染力。在说理内容上,"中国古代判词虽然非理性、非逻辑化倾向比较严重,也没有对法言法语使用的严格要求,却用情感的、道德的修辞直接诉诸人们的心灵,达到说服的目

---

① 苏力.判决书的背后.法学研究,2001(3).

的"。① 在表达方式上,这些判词体现了文学化的色彩。从形式特征来看,古代判词为文结构严谨,采用四六骈体,条分缕析,文字组合优美,甚至是辞藻丰富。从实质内涵来看,古代判词引经据典,成就道德文章,融情理与法理于其中。当前我国不实行判例制度,即使法官写出优秀的判决书来,也只能针对个案产生作用,对其他类似案例作用不大。除了极个别案件的判决书被收入最高法院编写的公报中刊登出来,绝大多数判决意见被束之高阁,很难为社会公众知晓,判例价值几近于零,这就导致法官写作热情不高。

二、立法制度的完善程度

完善的立法制度使法官不得不说理而且更容易说理,不完善的法律制度则是滋生不说理判决书的温床。在我国,只有民事诉讼法规定判决书必须说明理由,刑事诉讼法、行政诉讼法还没有作出类似的规定。目前,还没有一部法律规定判决主文不得超出当事人的请求范围——这与大陆法系其他国家和地区普遍规定极不相称。由于我国法律没有作出相关规定,判决书制作时难免趋重避轻,偶有遗漏,给人感觉不够说理。目前,也没有一部法律明确规定判决书说理必须有法律依据以及这些依据是什么,这在一定程度上导致了一些判决书连起码的法律依据都没有,凭法官的主观好恶、地方的土政策断案。更重要的是,还没有一项追究判决书不说理的立法制度,在法院内部实行的错案追究制只是追究认定事实、适用法律的错误,它并不管判决书说理与否。所有这些立法的缺陷都会限制我国判决书说理性的提高。

三、司法制度的设置

判决书作为司法制度的产物,判决书说理是司法制度的重要要求,因此。司法制度的如何设置对判决书说理有着直接的影响。一个国家司法制度的安排,决定了法院在权力体系中的地位,法院的政治地位必然制约着法官的审判活动,影响判决书的制作。以法国和美国为例,这两个国家判决书风格迥异,与它们的司法制度也有很大的关系。法国资产阶级革命革除了法院的权威,革命后的司法权受到重创,不但法院系统被分割为普通法院和行政法院,而且法院解释法律的权力受到严格限制。法院的地位不高,必然会导致法官的地位不高。梅里曼说:"大陆法系法官之所以不为人们所广泛知晓,甚至在法律职业界中也是默默无闻,这是他们身份低微的合乎逻辑的但却是不必要的结果。法官的审判意见不为人们所重视,人们也不根据这些意见来研究法官们各自的思维方法、所持的

---

① 赵静.中国古代判词的修辞蕴涵:说服与劝.修辞学习,2006(4).

偏见和所具有的癖好。"①这些话用在法国法官身上非常合适。在这种政治格局中,法官不可能在审判时发挥多大的能动性,也不会通过判决书表达自己的理由。而美国坚持的是比较彻底的三权分立原则,司法权钳制着其他权力,司法的能动性显而易见,而且法院在制约政府和国会时也需要充分表述理由,因而美国的法官在制作判决书时张扬得多。"法国法院几乎从不承认其在作出判决中具有任何评价性和创造性,而将判决作为认知性的适用现行法律的活动。相反,美国最高法院公开承认,适用制定法并不仅仅是认知性地确定和适用现行法律,而可能需要创造性的判断。"②

我国现行判决书集体署名制度是不利于判决书说理的。即使说理充分的判决书对外公布,社会公众也很难知道到底是谁撰写了这样一份判决书,不能让法官个人产生成就感。既不能额外获得物质利益,又不会获得精神奖励,法官没有动力对判决书精心说理。另外,我国案件审理报告制度一定程度上削弱了判决书说理性。审理报告往往极力论证判决的合理性、合法性,避免受到错案的追究,常常将判决的来龙去脉交代得清清楚楚,内容全面,表述详尽,所体现的法官说理能力并不差,至少没有学者们想象的那么差。③ 法官的说理能力体现在案件报告中而不是判决书中。判决书则往往寥寥数语,不说理或说理不透。案件审理报告以行使司法监督权的领导和上级法院为主要对象,企图说服他们不要将本案列入错案追究的范围,实际上是职权主义的产物,已不符合司法公开民主的潮流。判决书说理的听众主要是当事人,而不仅是那些行使司法监督权的国家机构或某个人,这就意味着判决书应该取代案件审理报告说理的功能,或者案件审理报告成为判决书说理的一部分,判决书成为法官说理的真正载体。

第三节　法官素质

判决书的说理性,虽通过白纸上密密麻麻的文字进行表述,但是,判决书说理性的欠缺,不仅仅只是语言文字的问题,更是语言文字的应用者和撰写者——法官的问题。判决书说理功能是法官法律推理能力、法官综合素质的外化,法官作为判决书说理的主体,法官的素质一定程度上影响着判决书的说理功能,其说理水平与判决书说理性息息相关。素质高的法官更容易制作说理性更强的判决书。我国法官整体素质不高,一直是被频繁提及的影响判决书说理的重要原因。

---

① 梅里曼.大陆法系.顾培东,禄正平,译.法律出版社,2004.
② 孔祥俊.法律解释方法与判解研究.人民法院出版社,2004.
③ 唐文.法官判案如何讲理.人民法院出版社,2000:183.

较英美法系国家培养法官的模式来看,在我国的学法人士较易得到这一神圣的头衔。从我国法官的养成模式来探寻法官素质整体较低的原因,深刻理解法官的素质对判决书说理的重要性。法官的素质包括法学专业素养、司法技能掌握度、司法良知、健全的思维品质四个方面。

一、法官的法学专业素养

对于法官应该是怎样的模样,有学者曾经提出:"法官应能像学者一样撰文著述。在西方国家,一篇判决书常常洋洋洒洒数万字,本身即是一篇逻辑缜密、文字优美、论证充分的美文。经典的判决书甚至可以流芳百世,享有盛誉。判决书在说服当事人的同时,也往往为法律工作者所争相拜读和学习。"[①]二十年前,法官的专业素质普遍不高时常被人诟病。对法官的专业知识重视不够,强调的是政治合格,相当一部分法官是来自转业军人、人民团体的优秀分子,一部分人从未受过正规的法律专业教育,一些审判人员包括庭长、副院长和院长,甚至从未受过任何法律专业训练。"在我国,司机可以转干当法官,军人转业干部可以当法官,工人可以转干当法官,一天法律没有读的,跟法律一点儿都不沾边的,一转呢,都来当法官。不仅可以当法官,还可以当首席法官,还可以当大法官。"[②]近些年随着法律职业资格考试的推行,我国法官专业素质有了明显的提高,但相比之下,知识结构与实践经验无法与西方法官相比。世界各国的法官均受过高等法学院教育,其中,美国法学院只对大学毕业生进行专门的法律培训,英国法官则必须从法学院毕业后从事10年律师职业的优秀人员中挑选。

学历作为个人发展过程的有力见证,可以直接反映个人的专业素质。法学学历的高低与法学素质的高低有直接的联系。随着我国法治建设的逐步推进,法官的学历也有普遍上升,科班出身的法官越来越多,法官的选拔也越来越严格。法官的学历也日渐成为一项硬性指标。这是我国法治进程中一项质的飞跃。随着我国司法改革进程的推进,无论是地理位置优越、经济发达的地区,还是地理位置偏僻、经济落后的地区,在司法改革的路途上,亦不断坚持求发展。这样的发展状态明确表明法官素质的重要性,窥一斑可见全豹。由此可见,法官的法学专业素质在司法改革中的重要性。法官普遍素质低的现实给增强我国判决书说理带来了太多弊端与障碍。法官的法学专业素质直接影响我国判决书说理的充分性,只有法官不断学习,不断充电,才能时刻保持与时俱进的良好状态。用高水平、高素质的专业法学状态去迎接层出不穷的疑难案件带来的挑战。

---

① 李曙光.我们需要什么样的法官.中国审判,2014;(6).

② 李浩.法官的素质与民事诉讼模式的选择.法学研究.1998(3).

二、法官的司法技能掌握度

法官的司法技能是指法官运用法律专业知识,既定操作规范以及法定操作规程对案件进行审理、对判决进行说理、与群众进行沟通的多种能力。法官运用扎实的司法技能将静态知识转化为动态结果,将应然转化为实然。对诸多司法技能的掌握程度代表了一个法官的专业程度。我国的法官培养模式,一般是通过"新跟老""老带新"的方式,使新法官跟随老法官学习,年长法官用自身多年积累的实践经验来影响年轻法官,以便尽快使年轻法官从教材内容或学术论文的氛围中脱离出来,真切认识司法实践的需要。每个法官都有自己特有的法学思维和审案风格,这些是无法通过"老带新"使年轻法官学习到的。他们所能及时获取的,就是年长法官认为比较重要的法律职业技能。这样的法官培养模式,使年轻法官在初次接触这个职业时,习惯于跟随年长法官的思维模式,自身的改革创新意识逐渐被削弱,导致他们不注重个人司法技能的提升,满足于当年从年长法官那里获得的知识,认为以此足以应对纷繁复杂的各类案情。年轻法官忽略了将年长法官所授自我消化,使其内化为自己胜任这项工作的技能支撑。所以,我国在对法官进行培训的过程中,要加强司法技能的占比,不能只重视法律知识与精神,却恰恰忽视了在工作中真正起重要作用的技能和方法。

三、法官的司法良知

曾经有学者表明了自己对法官这个角色的认知,他认为作为社会良心代表的法官,是一个在道德上没有瑕疵的完美人设,拥有一身浩然正气。法官作为专业要求极高的职业,专业方面的知识技能固然很重要,但是,这并不意味着,作为人最起码的良知可以被忽略。摸着良心办事、遇事扪心自问这些通俗易懂的人与人之间约定俗成的道德标准,在法官这个职业中,尤为重要。因为法官在社会公众眼里是独具权威、公正无私的,双方当事人把自己的命运都仿佛交托在法官手里,将法官视作正义的守护神,所以法官需要有司法良知,时刻督促提醒自己,不可偏私,不可腐败。在各行各业中,反腐的广度和深度都让人惊异。诸多省份塌方式腐败也让人心惊肉跳,不可置信。很多被查处的腐败司法工作者,都有良好的受教育背景,甚至是多年工作在一线的资历较深的法官,但是他们执法犯法,徇私枉法,早已将司法良知置之度外。法官政治素养和道德素养的培养,常常在实践中被忽视,司法的权威性与公正性在群众心中大打折扣。对法官政治觉悟和道德素养的不重视,导致许多法院都成为法官腐败的重灾区。专业素养和司法技能不足以成就一个优秀的法官,内心的纯洁和对正义的坚守,是支撑法官不断前行的必备精神要件。

四、健全的思维品质

由于我国历史上长期重实体轻程序,又实行职权主义诉讼模式,法官有这样一种心理:我办案是行使法律赋予的权力,只要确保结果公正,程序等其他问题是无关紧要的。这当然包括判决书的制作说理,认为"只要把案子办好了就行了,判决书写得好坏没关系"的法官还大有人在。所以我国判决书的说理性一般很难与英美国家的相比。

在审理案件时,法官也总会潜意识里尽可能避免风险。因此,法官在法律适用部分,总是尽可能寻找可被直接援引的法律作为判案依据,这样可以用法律的光芒遮盖其主观判断可能带来的潜在问题。对法律条文和规定的直接引用,既可以减少风险的发生,又使判决具有了法条主义形式上的合法性。在说理过程中,法官顾虑颇多,恐言多必失,担心说理越详细,自己的主观判断和心证过程的公开程度越高。他们逐渐习惯于"多一事不如少一事"的工作状态,无意花费心思对判决书进行详尽说理。在我国,这种情况十分普遍。我国法官在进行司法工作的过程中,面对可能存在歧义的法律规定都心有余悸,不敢触碰。他们都会尽可能遵循明确特定的法律规定进行案件审理,并将其作为判决依据。

结束语

作为判决书灵魂的说理,一直受到人们的重视。随着我国司法改革进程的逐步推进,专家学者纷纷献计献策,在最高人民法院和众多法官共同努力下,我国判决书说理性有了很大的提高,但远远没有达到人民的期望和要求。在全面推进司法改革的路上,判决书说理将长期是广大法官需要攻克的难题。笔者希望未来有一天,判决书能真正成为"向社会公众展示法院文明、公正司法形象的载体",使得"人民群众在每一个案件中都能感受到社会的公平正义"的要求真正落到实处。

本书借鉴社会心理学信息交流态度改变模型,并在比较中外判决书结构的基础上探讨它的说理性,这种研究避开了传统的法官的进路和制度的进路。尽管判决书的结构总浓缩着一系列的制度因素,判决书结构的变换又多少与制度相关,但远不比进行宏观的制度改革如引进判例法来得艰难。而且正如本书所展示的从结构上谈判决书的说理性,总离不开对法律推理模式的研究,"法学研究重心应当实现一个大转变,即从抽象的法律概念的探讨转向对具体法律推理和思维的研究,从对法律条文注解本身转向法律自身的实现过程。"①这或许能说本书具有一定的方法论意义。

本书通过改善判决书的叙事结构,借鉴其他国家判决书说理的合理性因素,不拘泥于"本土资源",使法官必须认真说理、更容易说理、也乐于说理,展示他的法律思维的形成、法律方法的运用,从而增强判决书的说理性。倘若能为时下的判决书的改革提供一丝启示,也算是本书对实践意义的期盼。

必须说明的是,本书并无意忽视其他因素的存在和影响,恰恰相反,本书借助判决书结构的讨论、建构,不仅为了增强判决书的说理性,而且为了判决书更有效地体现并提高法官的素质、容纳判例制度合理因素、弥补立法之局限,最大程度限制这些因素的影响。

尽管笔者努力搜寻材料并潜心思索,仍深感困难重重,对自己的著作难称满意,书中许多观点有待进一步深化,如判决书说理的含义,且有些问题不曾论及,这些问题只能寄望日后的思考了。

---

① 解兴权.通向正义之路——法律推理的方法论研究.中国政法大学出版社,2000.

参考文献

书目类：

[1] 杨贝.裁判文书说理的规范与方法[M].人民法院出版社,2022.

[2] 王利明.裁判说理论.人民法院出版社,2021.

[3] 刘树德.无理不成"书".中国检察出版社,2020.

[4] 胡昌明.裁判文书释法说理方法.人民法院出版社,2018.

[5] 最高人民法院司法改革领导小组办公室.最高人民法院关于加强和规范裁判
    文书释法说理的指导意见理解与适用.中国法制出版社,2018.

[6] 沈志先.裁判文书制作.法律出版社,2017.

[7] 孙璞华、王利明.裁判文书如何说理.北京大学出版社,2016.

[8] 周恺.如何写好判决书.中国政法大学出版社,2010.

[9] 卓朝君.法律文书学.北京大学出版社,2004.

[10] 周道鸾.民事裁判文书改革与实例分析.人民法院出版社,2001.

[11] 唐文.法官判案如何讲理.人民法院出版社,2000.

[12] 葛洪义.法与实践理性.中国政法大学出版社,2002.

[13] 严存生.法的价值问题研究.中国政法大学出版社,2002.

[14] 葛洪义.法律思维与法律方法:第2辑[M].中国政法大学出版社,2003.

[15] 张志铭.法律解释操作分析.中国政法大学出版社,1999.

[16] 葛洪义.法律思维与法律方法.中国政法大学出版社,2002.

[17] 解兴权.通向正义之路——法律推理的方法论研究.中国政法大学出版
    社,2000.

[18] 张保生.法律推理的理论与方法.中国政法大学出版社,2000.

[19] 王亚新.对抗与判定.清华大学出版社,2000.

[20] 付子堂.法律功能论.中国政法大学出版社,1999.

[21] 张文显、李步云.法理学论丛:第一卷[M].法律出版社,1999.

[22] 王利明.司法改革研究.法律出版社,2000.

[23] 潘维大、刘文琦.英美法导读.法律出版社,2000.

[24] 宋冰.读本:美国与德国的司法制度及司法程序.中国政法大学出版社,1998.

[25] 季卫东.法治秩序的建构.中国政法大学出版社,1999.

[26] 王洪.司法判决与法律推理.时事出版社,2002.

[27] 陈金钊.法律解释的哲理.山东人民出版社,1999.

[28] 张文显.法哲学范畴研究(修订版).中国政法大学出版社,2001.

[29] 梁慧星.民法解释学.中国政法大学出版社,2000.

[30] 杨仁寿.法学方法论.中国政法大学出版社,1999.

[31] 贺卫方.司法的理念与制度.中国政法大学出版社,1998.

[32] 梁治平.寻求自然秩序的和谐.中国政法大学出版社,1997.

[33] 潘庆云.法律文书.中国政法大学出版社,2002.

[34] 孟昭兰.普通心理学.北京大学出版社,1997.

[35] 申荷永.社会心理学原理与应用.暨南大学出版社,1999.

[36] 薛文华.现代西方哲学评介.高等教育出版社,1994.

[37] 李秀林,李淮春.辩证唯物主义和历史唯物主义原理.中国人民大学出版社,1995.

[38] 史蒂文·伯顿.法律和法律推理导论[M].张志铭,解兴权,译.中国政法大学出版社,1998.

[39] 哈里·爱德华兹.爱德华兹集[M].傅郁林,译.法律出版社,2003.

[40] 哈罗德·伯曼.美国法律讲话[M].陈若桓,译.三联书店,1988.

[41] 博西格诺,等.法律入门[M].邓子滨,译.华夏出版社,2002.

[42] 彼得·哈伊.美国法律概论[M].沈崇灵,译.北京大学出版社,1997.

[43] 拉德布鲁赫.法学导论[M].米健,朱林,译.中国大百科全书出版社,1997.

[44] 狄特·克罗林庚.德国民事诉讼法律与实务[M].刘汉富,译.法律出版社,2000.

[45] 希尔斯曼.美国是如何治理的[M].曹大鹏,译.商务印书馆,1986.

[46] 博登海默.法理学:法律哲学与法律方法[M].邓正来,译.中国政法大学出版社,1999.

[47] 丹宁勋爵.法律的训诫[M].杨百揆,丁健,译.法律出版社,1999.

[48] 埃尔曼.比较法律文化[M].贺卫方,高鸿钧,译.三联书店,1990.

[49] 本杰明·卡多佐.司法过程的性质[M].苏力,译.商务印书馆,2000.

[50] 罗伯特·阿列克西.法律论证理论[M].舒国莹,译.中国法制出版社,2002.

[51] 哈特.法律的概念[M].许家馨,李冠宜,译.中国大百科全书出版社,1996.

[52] 勒内·达维德.当代主要法律体系[M].漆竹生,译.上海译文出版社,1984.

[53] 波斯纳.法理学问题[M].苏力,译.中国政法大学出版社,1994.

[54] 培根.培根论说文集[M].水天同,译.商务印书馆,1983.

[55] Bryan A. Garner. A dictionary of modern legal usage, Oxford University

Press,2001

[56] 戴维·沃克. 牛津法律大辞典. 光明日报出版社,1988.

论文类：

[1] 傅郁林. 判决书说理中的民事裁判逻辑[J]. 中国应用法学,2022(1).

[2] 李方圆. 一审民事判决书说理研究[D]. 东北师范大学,2021.

[3] 陈亚楠. 刑事判决书中的说理研究[D]. 郑州大学,2020.

[4] 白昕宜. 判决书说理问题研究[D]. 山西财经大学,2019.

[5] 郭蕾. 论刑事判决书说理改革[D]. 南昌大学,2017.

[6] 李双双. 刑事判决书说理制度研究[D]. 西南政法大学,2015.

[7] 陈静. 判决书说理性研究[D]. 内蒙古大学,2014.

[8] 李曙光. 我们需要什么样的法官[J]. 中国审判. 2014(6).

[9] 孙光宇. 从社会听众的视角看简约判决文书的力量[J]. 政法论丛,2006(5).

[10] 韩红俊. 法院的职能分工与民事判决书[J]. 河北法学,2006(9).

[11] 刘风景. 不同意见写入判决书的根据和方式[J]. 环球法律评论,2007(2).

[12] 刘风景. 日本最高法院的少数意见制[J]. 国家检察官学院学报,2006(6).

[13] 张泽涛. 少数意见之利弊及其规范.[J]. 中国法学,2006(2).

[14] 张建成. 法官后语论[J]. 河南省政法管理干部学院学报,2006(3).

[15] 王仲云. 判决书说理问题研究[J]. 山东社会科学,2005(8).

[16] 苏力. 判决书的背后[J]. 法学研究,2001(3).

[17] 王振峰. 论裁判文书的说理[J]. 法律适用,1997(12).

[18] 李浩. 法官的素质与民事诉讼模式的选择[J]. 法学研究,1998(3).

[19] 傅郁林. 论民事裁判文书的功能与风格[J]. 中国社会科学,2000(4).

[20] 陈界融. 论判决书内容的法理分析[J]. 法学,1998(5).

[21] 龙宗智. 刑事判决应加强判决理由[J]. 现代法学,1999(2).

[22] 叶新火. 判决书公布少数法官不同意见之探讨[J]. 学海,2003(3).

[23] 陈漱芳. 论法院判决之不同意见书[J]. 政大法学评论,1999(62).

[24] 胡桥. 判决理由的概念和功能[J]. 浙江省政法管理干部学院,2001(6).

[25] 王长江. 论我国裁判文书理由模式的选择[J]. 河南社会科学,2003(5).

[26] 唐仲清. 判决书应确立判决理由的法律地位[J]. 现代法学,1999(1).

[27] 周道鸾. 情与发的交融——裁判文书改革的新尝试[J]. 法律适用,2002(7).

[28] 周海平. 论刑事一审判决书的改革与完善. 人民法院改革理论与实践[J]. 人民法院出版社,1999.

[29] 黄芳. 民事裁判文书的制作与审判方式的改革[J]. 法律适用,2000(10)

后　记

　　2003 年，我开始研究判决书的说理性，其时我正在西北政法大学攻读法学硕士，师从葛洪义先生，老师叫我从判决书结构的角度研究判决书的说理性，按照老师的吩咐，我踏上判决书说理性研究之路，并把它作为我的硕士论文选题，论文答辩时得到了评委老师的一致好评，最终顺利毕业。现在回想起来，我最应该感谢我的导师葛洪义先生！是他为我打开了一扇门！

　　毕业后，我来黄冈师范学院政法学院工作，相当长的一段时间内，我继续从事判决书说理性研究，对比国内外判决书的结构，分析我国判决书结构的不足，并有针对性地提出一些改革建议，在不同期刊上先后发表了 18 篇学术论文。

　　2014 年，我去武汉大学马克思主义学院攻读博士学位，开辟了新的研究方向——马克思主义法学理论，实话实说，对判决书说理性的研究我有些依依不舍，但现在的工作已不允许我继续研究下去。可每每看到在全面依法治国进程中，国家不断深化司法改革，加强裁判文书说理，"努力让人民群众在每一个司法案件中感受到公平正义"，我又有了重启研究的想法。同时，我想和过去的研究告个别，做个了结，翻出曾经发表的论文，觉得体系已经形成，而且有二十多万字，应该可以出版一部著作。我花了两年暑假重新收集资料，整理论文，这本书终于成形！

　　我要感谢我曾经工作过的政法学院！一批人支持我从事这方面的研究，最后成为这个领域的战友。我更要感谢我现在的工作单位马克思主义学院，以及攻读博士学位的学校武汉大学！是他们让我的科研发生转向，否则我会继续在这块领域航行，不一定有机会整理之前的论文，形成现在的著作。同时正因为这几年转向和沉淀，我又多了一份冷静的、全面的、辩证的思考。

　　最后我还要感谢黄冈师范学院人事处，以博士基金的名义资助这本书出版！

王贵东

二〇二三年八月于古城黄州